公路桥梁与改扩建新技术

潘永祥 著

云南大学出版社
YUNNAN UNIVERSITY PRESS

图书在版编目（CIP）数据

公路桥梁与改扩建新技术 / 潘永祥著 . -- 昆明 :
云南大学出版社 , 2019
ISBN 978-7-5482-3615-3

Ⅰ . ①公… Ⅱ . ①潘… Ⅲ . ①公路桥 - 改建②公路桥
- 扩建 Ⅳ . ① U448.145.7

中国版本图书馆 CIP 数据核字 (2019) 第 008946 号

策划编辑：王翌沣
责任编辑：王翌沣
封面设计：黄伟娟

公路桥梁与改扩建新技术
潘永祥　著

出版发行：云南大学出版社
印　　装：昆明理煋印务有限公司
开　　本：787mm × 1092mm　　1/16
印　　张：11
字　　数：185
版　　次：2020 年 1 月第 1 版
印　　次：2022 年 8 月第 2 次印刷
书　　号：ISBN 978-7-5482-3615-3
定　　价：38.00 元
社　　址：昆明市一二一大街 182 号
（云南大学东陆校区英华园内）
邮　　编：650091
电　　话：（0871）65033244　65031071
E-mail：market@ynup.com

前 言

随着高速公路建设的飞速发展，我国的高速公路建设速度也在逐步加快。但由于我国经济的迅猛发展，交通量成倍增长，我国的高速公路的发展速度仍不能满足经济发展的需要。同时，由于已建成的高速公路和桥梁的运营情况随着使用时间的加长而不断下降，目前我国早期修建的许多公路和桥梁出现了通行能力差、服务水平低等现象，已经不能满足社会和经济发展的需要。为了提高公路服务水平，许多高速公路都面临着改建、扩建、提升道路等级的问题，公路桥梁的改扩建已迫在眉睫。改扩建的基础工程复杂，技术难题多，工程管理难度大，如何对公路桥梁改扩建工程进行有效管理成为当前应该重点考虑的重大问题。

本书在写作过程中，参考了一些同行专家、学者的相关著作和论文，并吸取了他们的一些研究成果，在此谨致诚挚的谢意。限于作者水平，书中难免有许多不妥之处，恳请同行专家、学者和广大读者给予批评指正。

潘永祥

2018 年 10 月 20 日

目 录

第一章　改扩建公路桥梁综合优化技术

第一节　现有公路桥梁技术性能评价与拆除原则

公路桥梁技术性能评价是通过评价桥梁的使用状况，对其当前的损伤及缺陷进行全面、细致并深入的现场检测，从而明确其缺陷的部位、性质、严重程度及其发展趋势，找出导致缺陷的原因，以便于评价、分析其缺陷对桥梁使用性能和安全性能的影响，并做出对桥梁的综合评价，为桥梁维护、加固及改扩建设计提供及时并有针对性的资料。同时，桥梁技术性能评价也是桥梁养护管理部门了解桥梁技术性能、进行养护分析、制订养护计划、确定养护方案、优选投资项目的重要依据。

一、现有公路桥梁技术性能评价方法

公路桥梁的技术性能评价就是通过多种评价方法确定出桥梁的技术等级，包括桥梁各部件及整体的承载能力等，制订出对应的养护处治方案。养护规范法、层次分析法、模糊综合评定法、荷载试验评定法、结构计算分析法、专家系统评定法、基于结构可靠性理论的方法、灰色理论法和神经网络法等是我国现阶段最为常见的桥梁技术性能评价方法。

在上述的各种评价方法中，养护规范法、荷载试验评定法和结构计算分析法已经在实际的工程中被广泛应用；专家系统评定法、模糊综合评定法和层次分析法在科研领域内被广泛研究，在实际的工程中并没有被广泛应用；现在更有一些新生的评价方法还处于科学研究阶段，例如，神经网络法、结构可靠性理论法和灰色理论法等。上述的任何一种评价方法都有其本身的优点和缺点，因此不可以简单直观地判断出其优良劣差。为了对桥梁做出符合实际的技术性能评价，必须

要综合考虑评价过程中的每种指标和影响因素，这样的评价过程才会更加科学，更加合理。

本书将采用养护规范法、静载试验法及功能适应性评价法对公路桥梁进行技术性能评价。

（一）养护规范法

养护规范法的主要依据是《公路桥涵养护规范》（JTG H11－2004）。首先，专业的桥梁检测技术人员要细致地检查桥梁的外观损害，然后依据检查的技术资料，选取考虑各个构件权重的评价法来评价桥梁技术性能。

桥梁构件的缺损状况评价标准主要依据以下三个原则：①确保检测一致性；②便于制订养护方案；③为桥梁的技术性能评价提供可靠依据。

1．桥梁检查内容

表 1－1　桥梁检查内容

<table>
<tr><th colspan="2">检查对象</th><th>检查内容</th></tr>
<tr><td colspan="2">结构历史与现状调查</td><td>收集桥梁建设、养护维修和加固改造技术资料</td></tr>
<tr><td colspan="2" rowspan="4">桥面系</td><td>1.调查桥面铺装平整度、开裂、坑穴、剥落、分层或表面污迹</td></tr>
<tr><td>2.调查防撞护栏开裂、混凝土缺损情况</td></tr>
<tr><td>3.泄水管是否完整，布局是否合理，桥面排水是否畅通</td></tr>
<tr><td>4.伸缩缝有无损坏、阻塞、泄漏及伸缩缝两侧的桥面状况</td></tr>
<tr><td colspan="2">桥面线性</td><td>测量桥面线性，与竣工或设计桥面标高比较，判断桥梁是否沉陷、变形</td></tr>
<tr><td rowspan="4">上部构造</td><td rowspan="4">主梁</td><td>1.混凝土是否发生开裂、剥落、起层、侵蚀及其他恶化现象</td></tr>
<tr><td>2.是否有过大变形或异常裂缝</td></tr>
<tr><td>3.混凝土强度是否达到设计要求</td></tr>
<tr><td>4.混凝土碳化深度是否影响正常使用</td></tr>
</table>

续 表

<table>
<tr><th colspan="2">检查对象</th><th>检查内容</th></tr>
<tr><td rowspan="3">下部构造</td><td>盖 梁</td><td>1.混凝土是否发生开裂、剥落、起层、侵蚀及其他恶化现象
2.是否有过大变形或异常裂缝
3.混凝土强度是否达到设计要求
4.混凝土碳化深度是否影响正常使用</td></tr>
<tr><td>桩 柱</td><td>1.混凝土是否发生开裂、剥落、起层、侵蚀及其他恶化现象
2.有无局部冲刷现象</td></tr>
<tr><td>锥 坡</td><td>1.砌石是否发生开裂、侵蚀及其他恶化现象
2.有无局部冲刷现象</td></tr>
<tr><td colspan="2">混凝土强度检测</td><td>对主要构件重点控制部位和其他混凝土强度有怀疑的部位利用回弹法进行强度检测，了解混凝土的强度分布情况，判断混凝土有无强度异常</td></tr>
<tr><td colspan="2">混凝土碳化测试</td><td>结合桥梁表观病害，对主梁、盖梁、墩柱等进行碳化深度测试，判断混凝土保护层是否仍然保护钢筋不被锈蚀</td></tr>
<tr><td colspan="2">钢筋分布及保护层厚度检测</td><td>结合桥梁表观病害，对主梁、盖梁、墩柱等进行钢筋分布及保护层测试，判断钢筋与设计是否相符及构件耐久性</td></tr>
<tr><td colspan="2">钢筋锈蚀检测</td><td>结合桥梁表观病害，对主梁、盖梁、墩柱等进行钢筋锈蚀测试，判断钢筋是否锈蚀及锈蚀程度</td></tr>
</table>

2．桥梁检查方法

（1）桥梁结构历史与现状检查。专业检测人员可以向设计、施工、监理以及管理单位询问桥梁在建设和使用期间存在的问题及其处治情况，详细了解该桥梁在使用期间发生的特别状况，全面收集相关的设计、施工、监理等技术资料，包括原始计算书、设计图纸、施工原始记录、监理日志、工程质量事故发生和处治记录、施工组织设计、结构竣工图及施工临时工程等相关技术数据。

（2）结构尺寸复核及缺损状况检查。在检测的过程中对结构构件的总体尺寸及细部尺寸采用钢尺丈量的方法测得，目前通常使用的测量工具有钢卷尺和游标卡尺，还会用到照相机和手工锤等工具。对主梁和下部结构的检查主要为构件混凝土表面的孔洞、蜂窝、麻面、混凝土剥落、渗水侵蚀和钢筋外漏锈蚀等，同时还要观察并记录结构构件是否存在变形。

（3）桥梁裂缝状况详细检查。为了对桥梁有一个正确合理的评价，应仔细检查并记录裂缝的长度、宽度、位置和数量等数据，对测得的技术数据进行分析，得到裂缝的整体规律。

桥梁开裂状况的重点抽查应覆盖有代表性的外露表面。检查裂缝时主要靠人工目力观测，同时借助钢尺和刻度放大镜等工具，经过测量确定裂缝的长度、位置和宽度。在构件上用记号笔标注出长度大于 20 cm，宽度大于 0.05 mm 的裂缝走向，并在两端标出区域段。当某一区域内裂缝分布十分密集时，可选择典型的主裂缝进行区段标注。

桥梁裂缝状况的检查可利用照片或草图记录，照片能够直观地反映出裂缝的实际状况，草图则可对裂缝的长宽深、位置及走向加以描述，能够对裂缝的性质、成因和特征有更加详细的统计。

（4）桥梁混凝土强度检测。桥梁构件的混凝土强度检测可以采用回弹法测定。为了比较全面地反映桥梁混凝土强度，有代表性地选择病害较严重的区域，分别对其主梁（板）、盖梁和桥墩进行检测。在选择的区域内布置十字交叉的测区，同时要保证相邻两测区在纵桥方向的间距小于 2m。

（5）混凝土碳化检测。为了全面了解混凝土的质量，可结合桥梁的表观病害，对主梁、盖梁和墩柱等构件进行碳化检测。碳化检测采用在混凝土新鲜破损面喷洒 1%酒精酚酞试剂，利用游标卡尺进行测量。

（6）混凝土钢筋保护层厚度及钢筋分布检测。根据桥梁结构的特点，构件钢筋分布检测和混凝土保护层厚度检测的关键部位主要选在主梁（板）底、盖梁底面和墩柱侧面等区域。该检测可用钢筋扫描仪保护层测定仪进行，检测时，将仪器探头沿固定测线在混凝土构件表面移动，当移动到钢筋位置时，仪器即可自动显示出钢筋保护层的厚度，记录保护层厚度并在构件表面标示出钢筋位置，即可得到所测构件的钢筋分布状况（数量与定位）及保护层厚度信息。

（7）钢筋锈蚀电位检测。为全面了解桥梁主要构件钢筋锈蚀状况，需要对钢筋锈蚀进行检测。工程上，锈蚀检测一般采用钢筋锈蚀电位检测仪，是利用极化电极原理通过铜/硫酸铜参考电极来测量混凝土表面电位，利用通用的自然电位法判断钢筋的锈蚀程度。测量时测区选择在有钢筋锈蚀迹象或可能发生钢筋锈蚀的区域，在测区内绘制方形网格以确定测点位置，测点间距取 10 cm，将测点位置充分润湿后即可逐点进行钢筋锈蚀电位的测量。

3．桥梁技术性能评价

依据桥梁全面检测结果和《公路桥涵养护规范》（JTG H11—2004）的规定，根据文献中的各部件指标权重的调整，按照桥梁各部件权重的综合评定方法，计算出桥梁技术性能综合评分，判断桥梁等级，详见表 1-2：

表 1—2　各部件指标权重

序号	分部权重		部件权重	
	名称	指标权重 W	部件名称	指标权重 W_i
1	上部结构	45	主要承重构件	33.8
			一般承重构件	5.6
			支　座	5.6
2	下部结构	30	墩台和基础	22.5
			地基冲刷	7.5
3	桥面系	15	桥面铺装	3.5
			伸缩缝	3.5
			桥头与路堤连接处	3.5
			栏杆护栏	2.3
			排水设施	1.1
			人行道	1.1
4	附属设施	10	调治构造物	4.4
			灯具和标志	1.4
			锥坡与护坡	1.4
			翼墙与耳墙	1.4
			其　他	1.4

桥梁技术性能评价公式如下：

$$D_r = 100 - \sum R_i W_i / 5$$

式中：R_i 为桥梁各部件最终评定标度，可参照检查结果和养护规范进行赋值。

对桥梁评价分类边界进行定义，一类、二类、三类、四类和五类的确定界限详见表 1-3。

表 1—3　桥梁等级类别、分值接线和养护措施

类别	分值界限	养护措施
一类	$D_r \geq 88$	正常养护
二类	$88 > D_r \geq 70$	小修
三类	$70 > D_r \geq 55$	中修
四类	$55 > D_r \geq 40$	大修
五类	$40 > D_r$	改建

（二）静载试验法

静载试验法是对桥梁施加试验性荷载从而对桥梁的结构性能进行评定的方法。这种方法非常直观，比较可靠，工程技术人员非常容易接受。静载试验是在桥梁结构上加以同设计荷载相当的外部荷载，在此荷载作用下，选用相应检测仪器测出桥梁的裂缝、应力和挠度等参数的实际变化情况，然后将检测结果与结构按相同外部荷载作用下的理论计算值或设计值相比较，来分析桥梁构件的承载力，可以利用校验系数 λ 表示：

$$\lambda = \frac{\text{测点实测值}}{\text{测点理论计算值}}$$

$\lambda=1$ 时，表示实测值和理论值完全相同；

$\lambda<1$ 时，表示桥梁承载能力状况较好，承载能力有富余；

$\lambda>1$ 时，表示桥梁承载能力状况较差，设计强度或刚度不够。

（三）功能适应性评价法

为了在总体上把握桥梁的技术性能，有必要在养护规范法和静载试验法评价的基础之上加以功能适应性评价。

桥梁功能适应性指的是在目前交通需求下，桥梁的设计荷载、桥下净空和行车道宽度等指标的适用程度，通过对桥梁的功能适应性评价可以为桥梁的改扩建决策提供技术依据。本书拟通过对现有旧桥的可利用程度进行分析，提出旧桥的可利用系数，该系数可以用旧桥行车道宽度的适应性来近似表示。

导致旧桥行车道宽度适应性下降主要有以下两方面原因：一是随着经济社会发展导致的交通状况变化，原桥梁设计采用的设计荷载等级和交通量可能不能满足目前的交通需求，因而导致桥梁通行能力受到限制。二是有一部分桥梁处于拓宽改建的道路上，桥梁上的行车道宽度小于道路行车道，在桥头处常常出现堵塞现象，导致旧桥的通行能力下降，桥梁行车道宽度适应性明显不足。旧桥的可利用系数可采用旧桥的行车道适应性程度表示，而行车道的适应性评价可以利用桥梁通行能力评价模型来量化：

$$BSI=\frac{V}{C}$$

式中：V 表示旧桥当前实际交通量，辆/h，或辆/d；

C 表示桥梁的设计通行能力。

通过上述公式可以得到桥梁的功能适应性指数值，然后依据下表判断桥梁的功能适应性。

表 1－4　桥梁功能适应性评价标准

评价等级	完全适应	基本适应	临界	不适应	完全不适应
BSI 范围	＜0.7	0.7～0.9	0.9～1.1	1.1～1.4	＞1.4

二、现有公路桥梁技术性能预测方法

桥梁是具有使用寿命的，其使用寿命就是在桥梁正常维护和正常使用的条件下，完成其预期使用价值的期限，在其使用期间，桥梁也会出现病态。伴随着我国蓬勃的经济发展，部分地区出现严重的车辆超载现象，在这种超额外力的荷载作用下，会导致部分桥梁出现损坏，严重威胁交通安全。

日积月累，桥梁损伤不断加剧，构件材料不断老化，结构强度不断下降，桥梁会先呈现局部破坏，再逐渐演变成整体破坏，甚至会发生坍塌事故。此时，桥梁结构已经不能满足其使用要求，无法继续承受荷载作用，也就是桥梁失去了它的使用价值，结束了它的使用寿命。因此，如果能够预测出现役公路桥梁的剩余使用寿命，就能制定出相应有效的改造加固对策，节省投资，并带来显著的社会效益。

目前，国内外关于公路桥梁技术性能的预测模型有很多种，大致可以概括为两类基本形式：回归分析预测模型和概率型预测模型。其中，回归分析预测模型依据桥梁大量的历史资料和当前检测的技术数据，分析并预测变量之间相关的影响参数，以回归分析方法为基础，将桥梁技术性能与相关变量统计拟合，预测出桥梁的剩余使用寿命。这种方法非常依赖桥梁的资料和历史数据的质量和数量，同时依赖于专业桥梁技术建模人员对桥梁技术性能和相关变量之间的内在联系的认知程度。马尔科夫预测模型和半马尔科夫预测模型是概率型预测模型的两种主要形式。判断桥梁技术性能的因素多种多样，各个因素之间又存在复杂的联系，且各有不同程度的变异性，因此选用适当的预测模型，对桥梁技术性能的预测结果显得至关重要。

本书在参阅大量文献的基础上，选用回归分析预测模型和马尔科夫预测模型来对公路桥梁技术性能进行预测。

（一）回归分析预测法

回归分析预测法要求在预测相关性的原则下，确定影响预测目标的各项预测指标，然后找出预测目标和预测指标之间的内在函数关系，用近似的数学表达式表达出来，再利用历史资料和检测数据等样本对模型进行误差检验，确定模型的估计参数，根据预测指标的变化情况进行预测。

下面是一元线性回归预测法的简要过程，已知一元线性方程：

$$Y = a + bX$$

式中：X 表示自变量，Y 表示因变量，a，b 表示回归系数。

根据历史资料和监测数据 X_i，Y_i，i=1，2，3，…，n（n 为实际数据点数目），可以求出回归系数 a，b。

利用桥梁每个检测时刻的检测数据和分析结果，建立回归分析模型，推导出桥梁结构损伤和使用时间之间的关系，将其作为预测桥梁结构剩余使用寿命的根据。基本过程如下：

设 D_t 为桥梁结构 t 时刻的总损伤系数，D_t=0 表明结构完好没有损伤，D_t=D_f 表明结构的使用寿命终结，D_t =1.0 表明结构完全破坏。

D_t 是个综合性指标，必须全面考虑桥梁的结构维修费用、桥梁损伤状态、结构重要性等因素。通过综合分析，也可以选用桥梁损伤状态表达，而桥梁损伤状态则可用桥梁损伤指数 *BDI* 表示，它的取值范围是［0.0～1.0］。当 *BDI* 等于 0 时，说明桥梁无损伤；当 *BDI* 等于 1 时，说明桥梁处于极度危险状态。

以 *BDI* 表示损伤等级区间，见表 1-5：

表 1—5　桥梁损伤等级区间

损伤等级	无损伤	轻微损伤	中等损伤	严重损伤	破坏性损伤
BDI 范围	0.0～0.2	0.2～0.4	0.4～0.6	0.6～0.8	0.8～1.0

通常情况下，D_f 由桥梁专家根据实际工程经验赋值（本书取 D_f=0.80）。因此，与使用时间相关的函数关系表达式为：

$$D_t = f(t) + h(t)$$

上述表达式中：$f(t)$ 表示 D_t 的中值预报函数；$h(t)$ 表示全部尚未计入影响因素的附加值。

根据已知的历史资料和检测数据来确定 D_t 的数学表达式。通常情况下，$f(t)$ 的形式非常依赖以往的经验，一般会采用二次型、线性型或指数型。鉴于指数型相对较容易处理，且较容易线性化和无量纲化，因此，本书采用指数型，则上述表达式可写为：

$$D_t = kt^a + h(t)$$

线性化后得：

$$\ln D_t = \ln k + \alpha \ln t + r$$

式中：k，a 代表由分析决定的常数；r 代表误差项，通常假定 $r \sim N$（O，S2），

令 $y=\ln D_t$

$x=\ln D_t$，$x=\ln t$，$a=\alpha$，$b=\ln k$，则有：

$$y=ax+b$$

以上是一个非常简单的线性回归问题，根据历史资料（t_i，D_{ti}）可以算出 a，b 的估计值 $\hat{a}, \hat{b}$，转化为原先的参数 k，a 后，D_t 的中值预报方程即为：

$$D_t = e^{\hat{b}} t^{\hat{a}}$$

令 $D_t=D_f$，由上式可得：

$$t_E = \left[D_{f^{e^{-b}}} \right]^{\frac{1}{a}}$$

则桥梁结构的剩余使用寿命 t 为：

$$t_x = t_E - t_c$$

（二）马尔科夫预测法

在马尔科夫链中，系统在任意一时点上的状态取决于并且仅仅取决于系统在前一时点上的状态。

三、应用示例

例 1：以某一桥梁为例，用养护规范法对该桥梁进行技术性能评价。首先，按照桥梁检查内容，运用上述桥梁检查方法对桥梁进行详细检查，根据检查结果和养护规范，对桥梁各部件最终评定标度进行赋值，见表 1－6：

表 1－6　桥梁各部件最终评定标度

序　号	部件名称	缺失程度及标度	对使用功能的影响程度	发展变化状况的修正	最终评定标度 Ri
1	主要承重构件	2	2	0	4
2	一般承重构件	0	0	0	0
3	支　座	1	1	0	2
4	墩台及基础	1	4	－1	4
5	地基冲刷	0	2	0	2
6	桥面铺装	1	0	0	1
7	伸缩缝	1	0	0	1
8	桥头与路堤连接部	1	0	0	1
9	栏杆护栏	1	1	1	3
10	排水设施	2	0	1	3
11	人行道	1	1	0	2
12	调治构造物	0	0	0	0
13	灯具、标志	0	1	－1	0
14	锥坡与护坡	1	1	－1	1
15	翼墙与耳墙	0	0	－1	0
16	其　他	0	0	0	0

将桥梁各部件指标权重 W_i 和各部件最终评定标度 R_i 代入公式中，得到桥梁技术性能综合评分：

$$D_r = 100 - \sum R_i W_i / 5 = 44.86$$

四、现有公路桥梁拆除原则

在旧桥改扩建过程中，为了充分利用旧桥资源，对旧桥的拆除一定要慎重，要综合考虑旧桥的技术状况、旧桥的功能适应性、拆除重建的经济性、改扩建施工期间的保通及对环境的影响等因素。对于经过论证需要拆除的桥梁，在拆除过程中应遵循以下原则：

（一）一般原则

安全性原则：做到技术上安全，管理上安全，意识上安全。

经济性原则：在最大化效益的条件下，减少投资成本，体现经济性。

环保性原则：要考虑到对环境的影响，文明施工。

方案比选原则：结合实际情况提出不少于两种可行的施工方案。

（二）技术原则

拆除方案选用原则：依据拆除对象、拆除顺序、拆除环境、桥梁结构形式、特殊要求等条件，选择最合理的拆除方案。

拆除程序：平衡对称、化整为零。先上部，后下部；先水上，后水下；先附属，后主体；先吊运，后破碎。

第二节　桥梁加固优化对策

桥梁作为重要的交通基础设施之一，发挥的作用不可忽视，其可为加快区域经济发展和维护正常的交通秩序做出巨大贡献。因此，对于需要改建的公路桥梁进行加固就显得尤为重要。

只有通过对旧桥、危桥进行加固，才能消除交通安全隐患，缓解交通紧张，加快经济发展；同时，运用科学合理的加固方案更能节省建设投资。

一、常用桥梁加固方法

（一）桥梁上部结构常用加固方法

1.增大原结构构件截面法

为了达到加固的目的，可以通过增大结构构件截面面积的方法来提高结构的刚度和强度。

2.外部预应力加固法

可以在原有结构上适当施加初始应力，也可在新增构件上加以适当预应力，从而对结构起到加固作用。

3.改变原结构的受力体系法

可以通过改变原结构的受力体系，以减小构件截面峰值弯矩，从而提高结构的承载能力，达到加固的目的。

4.外贴粘贴法

利用黏合剂将纤维布、型钢或钢板等加固材料粘贴在结构构件外部，再用环氧树脂进行封闭。需要注意的是，在粘贴前需把构件表面清除干净。

5.增加主梁法

架设承载能力高、刚度相对较大的主梁，与原结构共同受力，以降低车辆荷载的横向分布系数，从而达到加固的目的。这种方法主要适应于桥梁下部结构稳定，只是某些主梁受到损害而使其承载能力下降的情况。

（二）桥梁下部结构常用加固方法

1.人工地基加固法

人工地基加固法通常采用砂桩法和人工注浆法，这种方法主要用于桥梁基础发生沉降，同时基础的土质天然松软，无法承受更大荷载的情况。

2.扩大基础加固法

通过在刚性实体式基础的四周加设砌石或混凝土，来增大基础的截面面积。这种方法主要适用于结构的基础埋置较浅，同时墩台是混凝土或砖石实体式的结构。施工的过程中必须在基础扩大的范围内打桩围堰，在确保原基础安全的情况下，有序地挖出堰内的土壤，还要设置锚固钢筋，以确保新、旧结构牢固结合。

3.增补桩基加固法

当桥梁基础为桩式基础时，对桥梁下部结构的加固可采用增补桩基的加固方法，在桩式基础的附近增加钻孔桩或钢筋混凝土预制桩，以提高下部结构的承载能力，使得桥梁结构更加稳定。

二、桥梁加固优化决策模型

国内外通常选用层次分析法、模糊综合评价法、等效面积法等方法构造出桥梁加固方案的决策模型。影响桥梁加固方案优劣的因素多种多样，每种方法都从不同的角度，以不同的途径来确定最优加固方案。

然而，单一的决策方法又存在决策结论非一致性的问题，为此，本书将尝试对多种单一方法评价结论进行组合评价，以解决单一评价结论非一致性的问题，力图找到更加有效、合理的加固方案决策模型。

（一）桥梁加固方案评价指标体系

综合考虑桥梁加固的特点和技术要求，可概括出影响桥梁加固方案抉择的主要因素有效果可靠性、经济合理性、技术可行性和施工方便性。结合桥梁加固的具体要求，进一步细化分解以上影响因素，可建立桥梁加固方案评价指标体系，见表1－7：

表1－7　桥梁加固方案评价指标体系

第一层次因素	第二层次因素
效果可靠性 U_1	强度要求的满足程度 u_{11}
	刚度要求的满足程度 u_{12}
	耐久性要求的满足程度 u_{13}
	对加固构件无不利影响 u_{14}
	新旧结构相互协调的满足程度 u_{15}
经济合理性 U_2	加固所需的费用 u_{21}
	加固所需的工期 u_{22}
	加固后期所需的维护费用 u_{23}
	对原有结构的利用程度 u_{24}
技术可行性 U_3	加固方案采用技术的成熟性 u_{31}
	加固方案与加固原因的适应性 u_{32}
	加固方案与所在地条件的适应性 u_{33}
施工方便性 U_4	加固施工技术的复杂程度 u_{41}
	加固对交通的影响程度 u_{42}
	对施工人员水平的要求 u_{43}

在桥梁加固方案评价指标体系中，大多数是具有很强模糊性的定性指标，仅有少量的定量指标。在处理大量的定性指标时，需要根据实际问题的不同复杂程度和具体要求，借助模糊理论，将每层影响因素在论域［0，1］上分成若干等级，

再分别给出评定值，可选用七级因素等级集 E= {很差，差，较差，中，较好，好，很好}= {0.05，0.20，0.35，0.50，0.65，0.80，0.95}。而对部分定量指标的处理，可以选择适当的隶属函数，利用模糊数学理论，将其转化到论域［0，1］上，就能与定性指标评价值建立决策矩阵。此外，为了排除因指标之间量级和单位的不同而存在的不可公度性，必须对评价指标进行无量纲化处理。

（二）组合综合评价决策模型

各种单一评价的方法都有其特色，无论采用哪种方法，都要从不同角度进行分析。所以，如果仅用一种方法进行评价，其结果不免遭到质疑。因此，有必要采用多种评价方法进行各自的分析，然后将各评价方法得出的结果进行组合，可以减少单一方法存在的偏差，有利于提高综合评价结果的准确性，最终得到更为合理的评价结果。

目前，常用的组合综合评价方法有平均值法、Borda 法和 Copeland 法等，这类方法利用了乘法原理，而乘法原理很容易受极端值的影响。本书拟把一种新的方法用于桥梁加固决策，即幂平均合成法。幂平均合成综合评价法有其组合评价的优势，因为综合评价本来就是对单一评价结果的重新组合，而幂平均合成法又不用将极端值的影响剔掉，而是将单一评价法得到的极端值带入最终评价结果的计算过程，并且这种方法还具有较高的精确性，因此，采用幂平均合成法能够更加科学地选出最为合理的加固方案。

该模型的表达式为：

$$Y=\left(\prod_{j-1}^{m} y_j\right)^{\frac{1}{m}} (j=1,\ 2,\ \ldots,\ m)$$

式中：y_j 为单一评价方法的评价结果，根据 Y 的计算结果进行排序，得出最终最优的桥梁加固决策。

此外，需要注意的是，由于幂平均合成模型是对无量纲化值进行了一次乘法合成，然后又进行了 1/m 次幂的运算，所以必须将单一评价法的评价值转化为排序值代入运算。

第三节　桥梁加宽方式优化

由于社会经济发展，现有许多公路桥梁已经不能满足目前交通量的需求，然而仅仅依靠新建公路桥梁，并不能有效缓解交通压力，因此，在考虑经济效益的前提下，亟须对旧公路桥梁进行改扩建。其中，对旧桥的加宽改造是非常有效的方法，在利用旧桥原结构的同时，经济上也更加合理，并能大大提高桥梁的通行能力，使交通状况得到有效改善。

一、常用加宽方式与加宽施工技术

（一）常用加宽方式

桥梁加宽的关键是桥梁的新、旧结构之间的连接方式。通过对国内外公路桥梁加宽连接方式成功案例的借鉴，常见的公路桥梁加宽改造主要有以下三种方式：

1.上下均连接的加宽模式

桥梁加宽部分与旧桥梁上部结构之间以及下部结构之间均连接。桥梁上部通过横梁植筋，再经过浇筑湿接缝连接，使加宽部分和旧桥之间相连接；下部的系梁、墩台帽等部分也通过植筋相连接，最后浇筑形成整体。此种方式使新、旧桥梁之间形成整体，能够较好地防止连接处的形变。此种加宽方法是凭借浇筑横梁和植筋等方式将新、旧桥梁的主梁相连接。主要的连接方法有两种：主梁通过横隔梁、翼板相连或仅凭借翼板相连。当使用这种方法扩宽桥梁时，由于此方法桥面通常不设分隔带，当栏杆和人行道拆除后，旧边梁活载量增加，可能导致边梁承载能力不能满足要求。为了避免这种情况的出现，可采用新、旧主梁刚性连接的方法，使新、旧部分受力均匀，旧桥主梁所受活载量得以减小，当新建主梁刚度比原有主梁刚度大时，这种效果尤为显著。在桥梁扩宽时往往可能因为新、旧桥梁地基沉降差异和新老梁的收缩徐变差异，使桥梁产生变形差，若采用这种方法可有效避免这种情况的发生，保证行车的舒适和桥面的平整。

2.上下均不连接的加宽方式

采用上下均不连接的加宽方式时，优点是：新、旧两方面各自受力明确、互不影响，简化了施工程序，减小了连接的施工难度，基本不影响原高速公路交通。

缺点是：在汽车荷载作用下，新、旧桥主梁产生不均匀沉降，将会造成新、旧桥之间桥面铺装层破坏，从而形成纵向裂缝和横桥向错台，影响行车舒适、安全和路容美观，增加后期的养护维修工作及维修费用。

3.上下不连的加宽方式

采用上下不连接的加宽方式时，优点是：新桥与旧桥上部结构连接，形成整体，有利于上部结构共同受力、行车舒适及路容美观；下部结构不连接，下部各自受力，内力相互不影响，可以减少由于新桥与旧桥的上部结构的变形不一致，新、旧桥基础不均匀沉降而产生的附加内力。缺点是：由于新桥与旧桥的温度、混凝土收缩徐变变形等的不一致，以及新、旧桥基础的不均匀沉降等所引起的附加内力不能被完全克服时，对结构必然造成不利影响。

（二）加宽施工技术

基于对当前经济发展形势和现有公路桥梁状况的综合考虑，在对公路桥梁加宽的实际施工过程中，需要注意以下几方面事项。第一，要最大限度地减少施工作业对正常交通所产生的不利影响，保证交通组织和施工的合理性和科学性；与此同时，在设计和施工前要对施工地点所处的相关地质条件和环境进行全方位的勘测试验，要在结合研究成果和实际经验的基础上，制订出一套有针对性、合理科学的设计和施工方案。第二，公路桥梁加宽后，在实际投入使用后会产生接口裂缝等方面的问题。为了避免此现象的出现，应当在施工中始终坚持桥梁上部结构统一的原则，以确保公路桥梁样式和结构的实用性、合理性和科学性；而且应当从桥梁结构设计、基础型式等方面尽可能地避免因加宽工程而对旧桥所产生的不利影响。第三，还要注意施工质量和桥梁投入使用后的养护管理。

空心板桥在公路桥梁中较为常见，本书重点对空心板桥进行施工优化研究，在公路桥梁加宽施工过程中，其基本操作流程是：施工前的准备工作、拆除旧桥梁护栏和边板、钢筋植入和安装新空心板。虽然整个加宽施工过程相当烦琐、复杂，但是整个流程还是相当清晰明了的，所以在实际的施工过程中，要严格地按照上述的基本操作流程进行作业，把每个步骤做好，保证工程的顺利进行。

二、不同连接方式的效果评价

由于上连下不连的加宽方式在实际工程中应用比较广泛，本书就着重对上连下不连这种加宽方案进行研究。就上部构造而言有湿接缝连接、铰缝连接和纵向桥面连接等方式，针对空心板桥的这三种不同连接方式，从承载能力和综合评价两方面进行效果评价研究。

（一）连接方式

1.湿接缝连接

采用现浇混凝土湿接缝把加宽桥和旧桥两者连接起来形成整体，凿除旧桥悬臂部分，为更加完善其整体性，可以在空心板两端各设置一道横梁。湿接缝的连接施工应在加宽桥架设完成3～5个月之后进行，以此避免基础沉降和收缩徐变给湿接缝带来的不良影响。

2.铰缝连接

旧桥和加宽桥也可以通过现浇混凝土铰缝连接形成整体，当旧桥外侧边板有悬臂时也需要切除，同时凿除旧桥边板外侧的腹板混凝土，在架设加宽桥空心板时，预留与旧桥间距5～10 cm的空隙。这种连接方式是在旧桥腹板的外侧植筋，与新加宽桥形成铰缝连接，其受力十分明确。

3.纵向桥面连接

这种连接方式在旧桥有悬臂时可以不用切除，在加宽桥和旧桥悬臂处设置一条大约2 cm的缝，在此缝中添补适当的弹性材料（一般采用沥青玛蹄脂），形成旧桥和加宽桥纵向桥面连续。此种连接方式一般都在铺装层内设置了均匀布置的钢筋，通过桥面现浇层连接新老桥面，新老结构独自受力。如有必要，也可以切除旧桥悬臂，以降低边板活荷载效应。

（二）效果评价

公路桥梁改扩建综合效果评价可以从桥梁动力特征和结构刚度两方面来反映。

1.桥梁动力特征

改建后桥梁的结构自振频率能够反映出桥梁的动力性能，是评价桥梁适用性的重要参数。结构的自振频率是随着改扩建后桥梁物理特性的变化而发生变化的，这些物理特性包括质量、阻尼和刚度等。因此，桥梁改扩建后的适用性能可以通过桥梁自振频率的改善状况来评价。

$$U_f = \frac{f_q - f_h}{f_q} \times 100\%$$

式中：f_q、f_h分别表示桥梁加宽前后实测的自振频率。

2.结构刚度

通常桥梁跨中断面的相对挠度可以衡量桥梁结构的刚度，其中主梁跨中的挠度是体现桥梁构件抵抗变形能力的重要评价指标，更是桥梁结构在外界荷载作用下刚度的综合反映。因此，可以利用跨中挠度的改善情况来评价改扩建后桥梁的效果。

$$U_N = \frac{N_q - N_h}{N_q} \times 100\%$$

式中：N_q、N_h分别表示桥梁加宽前后在静载试验荷载作用下桥梁结构跨中的实测挠度值。

三、桥梁加宽方式优化决策模型

桥梁加宽时应综合考虑连接方式的整体性、不均匀沉降对连接方式的影响程度、施工方便性、美观舒适度和经济合理性等因素。将这几方面因素综合评价，进行对比分析，借助模糊理论，运用层次分析法，确定出最优加宽方式。本书在此基础上，提出了各种连接方式在实际工程中连接处抗剪承载能力的计算，将各连接方式连接处抗剪承载能力的高低作为判断加宽方式优劣的因素之一，增加了连接处抗剪承载能力的对比，通过综合评价，优化了决策模型，最终确定出更加合理的加宽方式。

下面针对上述三种连接方式，综合考虑各影响因素，提出抗剪承载力计算方法，建立优化决策模型。

（一）湿接缝连接

湿接缝连接方式的优点有：①桥梁新、旧结构能够整体受力，具有良好的整体性；②湿接缝连接处的刚度较大，有足够的强度去抵抗因基础沉降与收缩徐变等产生的附加变形和内力；③可不用拆除原桥下部结构；④建成后期的养护成本不高。缺点包括：①施工中植筋数量较多；②施工工艺较为烦琐。

湿接缝连接处抗剪承载力公式可表示为：

$$V = \mu A_v f_v + A_d f_d$$

式中：A_v为钢筋横截面面积；f_v为钢筋抗剪设计应力值；μ为摩擦系数，当结合面粗糙度为 6 mm 时，可取 μ=1.0；A_d为混凝土受剪截面面积；f_d为受剪混凝土抗剪设计值。

（二）铰缝连接

铰缝连接的优点包括：①桥梁新、旧结构能够整体受力，具有良好的整体性；②桥面铺装的现浇层参与结构受力，共同抵抗连接处因收缩徐变等产生的附加变形和内力；③桥梁加宽后，行车舒适度和美观性较好。铰缝连接的缺点包括：①铰缝连接处的宽度较小，导致其容许变形能力较差；②原桥受基础不均匀沉降的影响较大；③施工中植筋数量较多，施工工艺较为烦琐。

根据《公路圬工桥涵设计规范》（JTG D61－2005）4.0.13 条规定，铰缝连接处抗剪承载力主要由混凝土承担，其计算公式为：

$$V = A_d f_d + \frac{1}{1.4}\mu_k N_k$$

式中：A_d为混凝土受剪截面面积；f_d为受剪混凝土抗剪设计值；μ_k为摩擦系数；N_k 为垂直于受剪面的压力标准值。

（三）纵向桥面连接

纵向桥面连接的优点有：①原桥受基础不均匀沉降的影响很小；②结构的受力十分明确；③可不拆除原桥下部结构；④施工周期短，施工工艺比较简单。缺点包括：①结构整体性相对较差；②加宽桥与原桥依靠桥面现浇铺装层连接，因而桥面铺装容易产生纵向的裂缝，直接影响了加宽后桥面行车的舒适度和美观性；③建成后期的养护投入较高。

这种连接方式的连接处主要依靠桥面铺装层内设置的钢筋承受剪力，其抗剪承载力表达式为：

$$V = \mu A_v f_v$$

式中：A_v为钢筋横截面面积；f_v为钢筋抗剪设计应力值；μ为摩擦系数。

（四）综合评价

结合桥梁加宽方式的特点和技术要求，建立桥梁加宽方式评价体系。

表1—8　桥梁加宽方式评价体系

桥梁加宽方式评价体系	影响因素
	整体性
	不均匀沉降的影响度
	施工方便性
	美观舒适度
	经济合理性
	接缝处抗剪承载力

第四节　加宽桥梁桥面铺装优化

桥面铺装是桥梁的重要组成部分，必须满足行车舒适安全、路面平整的使用功能，同时，还要分担桥梁整体结构的受力，能够抵抗车辆荷载作用产生的磨损、压实和剪切变形，防止日照、雨雪以及化学等环境作用对桥面产生的负面影响。近些年来，我国交通量急剧上升，重型车辆不断增加，导致桥面铺装出现普遍严重的破损问题。这些桥面铺装破损问题的存在，导致了结构耐久性的降低，并对结构受力和行车带来了不利的影响，还影响了桥梁整体的美观性。

改扩建后的桥梁，应对旧桥面出现的病害进行处治，并且做好新桥面铺装的设计和施工工作，处理好桥面铺装出现的问题并防止病害一再出现，从而提高桥梁的耐久性、使用性和安全性。

一、桥面铺装病害及处治

桥面铺装的病害有很多，归纳起来主要可以分为以下四种。

1.桥面裂缝

桥面裂缝是桥面铺装中十分常见的病害，主要有横纵向裂缝、网裂和龟裂等，其中，网裂和龟裂大多发生于水泥混凝土桥面铺装。

2.伸缩缝破坏

伸缩缝破坏也是桥面铺装中常见的病害，主要表现为伸缩缝松动和伸缩缝混凝土的破坏，尤其是TST伸缩缝、板式橡胶伸缩缝、U形铝锌铁皮伸缩缝等一些简易伸缩装置的病害表现较为突出。

3.桥面铺装变形

桥面铺装变形主要表现为桥面麻面、起沙、车辙、拥包和局部混凝土剥落等病害现象。

4.桥面积水、渗水

桥面局部积水、渗水也是桥面铺装中常见的病害，积水情况能够降低桥面摩擦力，从而诱发交通事故；渗水情况会对桥梁混凝土和钢筋造成侵蚀破坏，致使桥梁结构耐久性下降，也影响了结构的稳定性，尤其在严寒地区，甚至会引起冻胀破坏。

本书针对以上总结的四种病害提出以下处理方法。

1.灌　缝

灌缝一般根据桥面铺装的裂缝实际情况制订养护处治方案，可以根据测量的裂缝深度和宽度等技术确定具体的修补工艺。灌缝材料多采用裂缝密封胶和环氧树脂。

2.伸缩缝维修

将伸缩缝损坏部位梁（板）顶面以上的沥青和水泥混凝土按照规则的形状清除，在清洗干净后植入适量纵向钢筋，然后湿润维修部位及周边，采用高标号水泥混凝土浇注，在浇注过程中，混凝土务必拌和均匀并振捣密实，同时还要防止过振，完成后，将混凝土盖上草帘进行养生，养生时间不少于 5 d，喷洒透层油，用量不少于 1.0g/m^2，铺筑沥青混凝土面层，并碾压密实。

3.挖　补

将损坏部位切成规则的矩形，将损坏部位清除干净，如有钢筋，进行钢筋纠正、焊接，铺筑材料，与原桥面标高保持一致，最终碾压成型。

4.加铺防水层，加强排水

可以直接在原桥面上加铺一层沥青混合料（4～5 cm 厚），形成一个耐久、舒适、安全的行驶表面，改善桥面平整度，提高桥面的抗滑性能，并防止雨水渗透，从而达到防水的作用，同时增设竖向排水管，尽量使雨水顺排水管直接到达地面。

5.重新铺筑

桥面铺装破坏较为严重的，无须进行修补，可以凿除原桥面铺装，在加宽桥面铺装施工时一同铺筑整体的桥面铺装。

二、加宽桥梁桥面铺装优化技术

为了提高桥梁桥面铺装的耐久性和使用性等技术性能，可以从桥面铺装的设计和施工两方面进行优化。

（一）设计方面

第一，在设计之初，可在梁体顶层设计预埋抗剪承载力钢筋，与桥面混凝土铺装层紧密结合，从而提高新、旧混凝土的连接能力，其钢筋数量可根据抗剪要求计算确定。

第二，根据实际情况，适当加大桥面铺装的钢筋网密度，在满足设计规范的情况下，提高钢筋的直径和等级标准，来防止和控制铺装层的收缩裂缝。

第三，设计时可采用较高强度、较高密实度的桥面铺装混凝土，混凝土水灰比一般不宜高于 0.4 mm，混凝土强度一般应控制在 C30 以上，桥面铺装层厚度应尽量不小于 60 mm。必要时为了进一步增强桥面铺装的技术性能，可以采用聚丙烯纤维或钢纤维混凝土桥面铺装。

第四，由于伸缩缝处破损常出现坑槽，所以在伸缩缝处的设计上，要在梁端留有足够的锚固钢筋，并设计高于 C40 级的钢纤维混凝土。此外，伸缩缝补的施工要在桥面铺装施工完工之后进行。

第五，桥面铺装顶面要设置高性能的防水层，提高桥面的防水能力，降低雨水的渗透力，防止混凝土及钢筋受到侵蚀作用，尤其是在承受负弯矩的部位，设置高性能防水层就显得十分必要。

第六，增强桥面的排水设计，根据桥梁长宽和纵横坡度的大小，合理设计泄水孔的位置、数量及间距。设计时，为了保证雨水能够顺利通过泄水孔排出，泄水孔的收水口底部标高要低于桥面铺装顶面至少 1cm，并将其周围设计成收坡。

第七，桥面铺装层最好采用双层设计，这样不仅能够保证铺装层有足够的厚度，提高其耐久性和平整度，而且可以将其设计成与路面中上层相同的结构，使得铺装和路面能够同时施工，为施工带来方便。

（二）施工方面

1.桥面混凝土铺装的施工

在桥面混凝土铺装的施工过程中，要注意以下几个方面：混凝土骨料不可以采用单级配，要采用级配合理的复合级配，还要保证混凝土具有良好的和易性；要及时对混凝土进行养护，避免水分蒸发过快而出现裂缝；浇注混凝土宜采用吊车提升或者泵送，梁顶和钢筋网之间必须要保持一定的间距，禁止一切运输车辆直接碾压钢筋网；桥面如果有积水必须将其清除干净后再进行混凝土浇注施工，施工时先用振捣梁或者人工拉平板振捣器进行混凝土振捣，再人工抹面压实找平；尽量避开冬季施工，因为桥面铺装混凝土厚度一般在 10 cm 左右，相对薄弱，如果暴露在寒冷的空气中，则非常容易受冻，导致混凝土结构承载力下降，尤其在气温多变的季节更加难以处理；对于旧桥面铺装无须重修的桥梁，仅需对新桥面进行铺装，可以选择分幅施工，同时对纵横向工作缝加以防渗水处理。

2.桥面沥青混凝土铺装的施工

在桥面沥青混凝土铺装施工的过程中，应注意以下几个方面：在铺筑沥青混凝土之前，要临时覆盖伸缩缝处预留槽，并与两侧的桥面混凝土保持齐平，水泥混凝土面层要保持干燥并清洁；检查水泥混凝土表面的粗糙度和平整度，达不到要求应及时处理；喷洒粘油层时要注意气温不得低于 10℃，水泥混凝土不能处于潮湿状态；粘油层最好采用快裂乳化沥青，在水分蒸发完成之后，才可以铺筑沥青混凝土；沥青混凝土的铺筑要在短时间内一次性铺筑成功，可采用前后两台机械摊铺机同时施工，尽量缩短距离，以减少纵向接缝的产生；铺筑要选在晴朗天气，还要注意沥青混凝土的防尘和保温工作；摊铺机要匀速运行，摊铺后及时碾压，以保证其达到设计要求；施工过程中严格控制现场状况，施工车辆和机械不得停留在完成的新铺装之上，更不得碾压破坏；特别要注意避免柴油等油料漏洒在桥面铺装上，以免造成沥青混凝土的软化拥包，否则需要返工或者修补，带来不必要的麻烦。

3.确保桥面铺装与梁顶面混凝土的粘接能力

为了保证桥面铺装和梁顶面混凝土的粘接能力，可以通过以下几个方面进行优化处理：在桥面铺装的钢筋绑扎前，可以利用高压水冲洗或者用气泵将梁顶部彻底清除干净，除掉不必要的浮渣；为了使得梁顶部位表面有足够的粗糙度，有必要对其进行拉毛处理；在浇注混凝土之前要洒水湿润，但是不能存在积水；当浇注梁板有铰缝的桥面铺装时，特别要注意铰缝处的混凝土振捣，多次检查铰缝处混凝土的振捣情况，以确保混凝土与梁板能够牢固结合。

第五节　改建桥梁施工优化技术

改建桥梁的施工是桥梁改扩建最重要的过程之一。桥梁施工的优劣直接影响桥梁能否达到设计要求，能否满足其服务水平，而桥梁的施工组织与管理、施工工艺以及施工质量控制对最终桥梁改建的效果起着决定性的作用，因此，本节通过对改建桥梁施工组织与管理、施工工艺和施工质量控制进行优化研究，为桥梁改扩建施工提供参考。

一、改建桥梁施工组织与管理优化

在现场施工过程中，往往由于未严格按照施工组织设计和施工管理的相关规定进行，所以在施工过程中经常存在一些不足和问题。施工组织与施工管理在桥梁的工程建设中起着非常重要的作用，与桥梁工程的成本和项目工程建设的效益息息相关。为了降低工程成本和提高工程建设效益，对施工管理和组织设计进行优化是相当有必要的。

（一）施工组织设计

施工组织设计主要包含工程技术、相关法律法规、定额指标和施工经验等方面内容，不管其中哪一部分内容没有进行系统规划和严格把控，都将会直接对工程建设造成影响。所以，在实际施工过程中应当对工程组织设计加以重视。结合相关文献，给出以下在施工设计中可以采用的优化方案：

第一，施工方法的恰当选取。在选择最佳的施工方法过程中，人们往往重视经济因素、工程条件和技术因素，容易忽略环境因素对工程建设的影响。在实际工程中，环境因素对工程的影响也至关重要，应综合考虑各方面因素，对比分析，确定最佳的施工方法。

第二，施工工期的合理控制。在施工建设过程中，施工工期和建设效益有着直接的关系。不仅要合理科学地安排工期、工时、劳动力，还要合理地配置机械设备，恰当地安排材料供给。若这些问题安排得不合理、不得当，无疑会增加工期，造成施工成本的增加，应当在人员、设备、材料各方面都到位后再进行施工。

第三，材料价格因素。在选择材料供应过程中，应当进行广泛的市场调查。影响材料价格的因素主要包括运输方式、运输距离、产地等方面。所以，在选择材料时可以通过招投标进行，综合考虑各方面因素，确定最佳材料供应方案。

第四，运输组织计划。编制合理的运输组织计划，做到运距最短，运输量最大，转运次数最少，力求直达现场，对材料进行保护，避免在运输过程中材料的浪费及污染，尽量利用原有交通线路，避开高峰拥挤线路，降低临时道路建设耗费。

第五，施工组织的平面布置。在桥梁工程建设前应当根据施工条件和特点，合理地对施工组织进行平面布置，这样可以减少临时占地，有效地降低运输成本，避免反复开挖和搬迁，从而有效地控制施工成本。

（二）施工管理

在公路桥梁工程中不仅要重视施工组织设计，还应高度重视施工管理。合理科学的施工管理对提高施工项目的工作效益和保证工程质量起着至关重要的作用。在施工管理过程中应当注意从以下几个方面进行优化：

第一，安全管理。在工程建设过程中，应将安全管理视为重中之重，进行有效的安全管理，有助于保证工程建设的顺利进行。项目管理部门和施工企业应当通过定期教育、强化教育等各种方式，对员工进行安全知识教育，增强其安全意识，把安全管理落到实处，落实到施工过程的每一环节，把对施工工人和管理人员的安全培训工作列入项目管理中，全面做好安全管理工作，避免安全事故的发生，保证工程施工顺利进行。

第二，监督管理。在对项目工程监督管理时，为对监管工作提供有利的保障制度，应先综合考虑工程的质量等级和特点、施工方资质情况、建设方要求等多方面因素，对监控监理标准和目标进行制定，这样有助于监管工作的顺利规范进行。在实际工程中，监理总工程师负责总指挥，现场监理工程师和控制工程师负责对施工现场进行审查，保证施工方把质量管理的各环节落到实处；为了确保材料和设备质量，还须审查施工组织设计和方案，严格杜绝质量隐患和安全事故。

第三，进度管理。进度管理主要包括以下三个方面的工作内容：①为确保各分项目间的紧密衔接，应当对各生产要素的时间要求、需求产量和结构进行分析预测，以便财务方面和管理方面采取应对措施；②可将工程进度按照年度、季度、月度进行细化分解，并以实物工程量的方式表示出来，以便管理者对工程进度情况进行有效监督；③为保证工程进度目标的顺利完成，还要以资源供应情况和工期要求为依据，对施工时间进行合理安排，对各分项施工计划和其之间的衔接进行科学规划。

第四，质量管理。工程质量关系到建设项目的适用性、投资效益和人身财产安全，做好质量管理要从以下几个方面的工作着手：①要确保质量检验的正规化、规范化和程序化，明确检验规范、内容和标准。对于施工过程中所采用的材料和构件，要保证它们的质量，进行力学性能、物理性能等多方面的监测，避免安全隐患和事故发生。②采用重点监测、专项监测、日常监测、员工监测相结合的方式，把好质量关。③提高检验人员的自身素质和监测技能，创建严格的质检体系。

第五，工艺管理。在工艺管理中，要做好以下几个方面的工作：①为了防止混凝土产生裂纹，应当确保混凝土的质量，提高混凝土模板的强度；②提高混凝土的抗裂性能，以混凝土的等级强度、和易性以及质量监测的要求为标准，确定混凝土施工配合比例，严格把控水泥和水的用量；③对混凝土面板进行修补时，应当选用优质的混凝土修补材料。

第六，成本管理。施工管理的核心工作是成本管理，以对进度和质量的控制为途径，实现提高工程效益，降低工程成本的目标。①预算编制前，要对现场做充分调查，搜集相关资料，了解材料价格，从而设计合理的施工方案；同时要对结算程序严格管理，制定施工图纸设计变更及施工现场签证管理制度。②为保证预期经济指标的完成，应创建严格的责任体系来控制成本，通过规范和责任体系对相关工作人员进行约束。③通过采用新材料、新工艺和对材料管理的重视、合理库存，从而降低人工、机械使用费用和储备费用。④公开施工材料费用，确保每笔费用的透明化，让职工可以监督施工材料价格，加强相关管理工作，确保价格信息共享、公开。

二、改建桥梁施工工艺优化

（一）旧桥的拆除施工工艺

依据桥梁拆除原则实施“倒拆”，先上后下，先附属后主体。拆除过程中对桥梁进行全程监控。

1.封闭交通

根据现场实际情况，桥梁拆除期间，进行交通封闭施工，在保证施工机械能正常运行的情况下，扩大封闭范围，设置隔离墙，安排专人值守，除施工作业车辆及机械进出外，其他车辆、行人禁止进入。设置可靠的安全网围护，以防物体坠落影响安全，并设置警示牌。

2.桥面系拆除

将路灯、路牌等附属设施撤离，再用人工与机械进行伸缩缝拆除、护栏拆除、人行道拆除以及桥面铺装拆除等。在伸缩缝的拆除中，可以利用风镐在逐个伸缩缝两侧进行破除，凿除旧混凝土后，需将钢筋割断并取出；在护栏拆除中，用风镐将护栏混凝土凿除，采用氧气乙炔气割枪对混凝土中的钢筋进行切割，并及时将凿除后的混凝土碎块和割断的废弃钢筋运走。桥面铺装拆除时用风镐逐个进行破除，并将破除后的混凝土和钢筋运到指定建筑垃圾地点进行处理。

3.悬臂翼板拆除

合理布置好切割部位，在每个切割节段底板相应位置打孔，以便于吊装；将悬臂翼板用碟片切割机加吊机拆除，用碟片切割机将悬臂翼板切割，悬臂翼板切割断后，立即用吊机将悬臂翼板吊离现场，用小型汽车运出粉碎。

4.盖梁边缘拆除

旧桥盖梁混凝土需凿除至盖梁外侧支座垫石的外缘。旧桥盖梁混凝土凿除部分的上排钢筋要紧贴拆除面向下弯，当下弯钢筋保护层不足 1 cm 时，可在旧混凝土面上竖向开槽，再向下弯；对下排钢筋的上弯部分进行调直处理。

5.清理现场

桥梁拆除结束后，对现场进行清理，为新建桥梁施工做好准备工作。

（二）下部结构施工工艺

1.桩　基

桩基的施工方法需根据工程的地质条件和其深度确定，常用的有钻孔桩和人工挖孔桩两种。通常当桩基的深度小于 20 m 时，可选择人工挖孔桩；当桩基的深度超过 20 m 时，选择钻孔桩。人工挖孔桩即通过人工挖土，然后放入钢筋笼进行混凝土的浇筑，其施工造价较低，施工较为方便，但是其施工环境差、劳动强度大、安全性较差且质量不易得到保证，所以在桩基施工中尽量采用钻孔桩。

钻孔桩施工工艺流程如下图所示：

准备工作

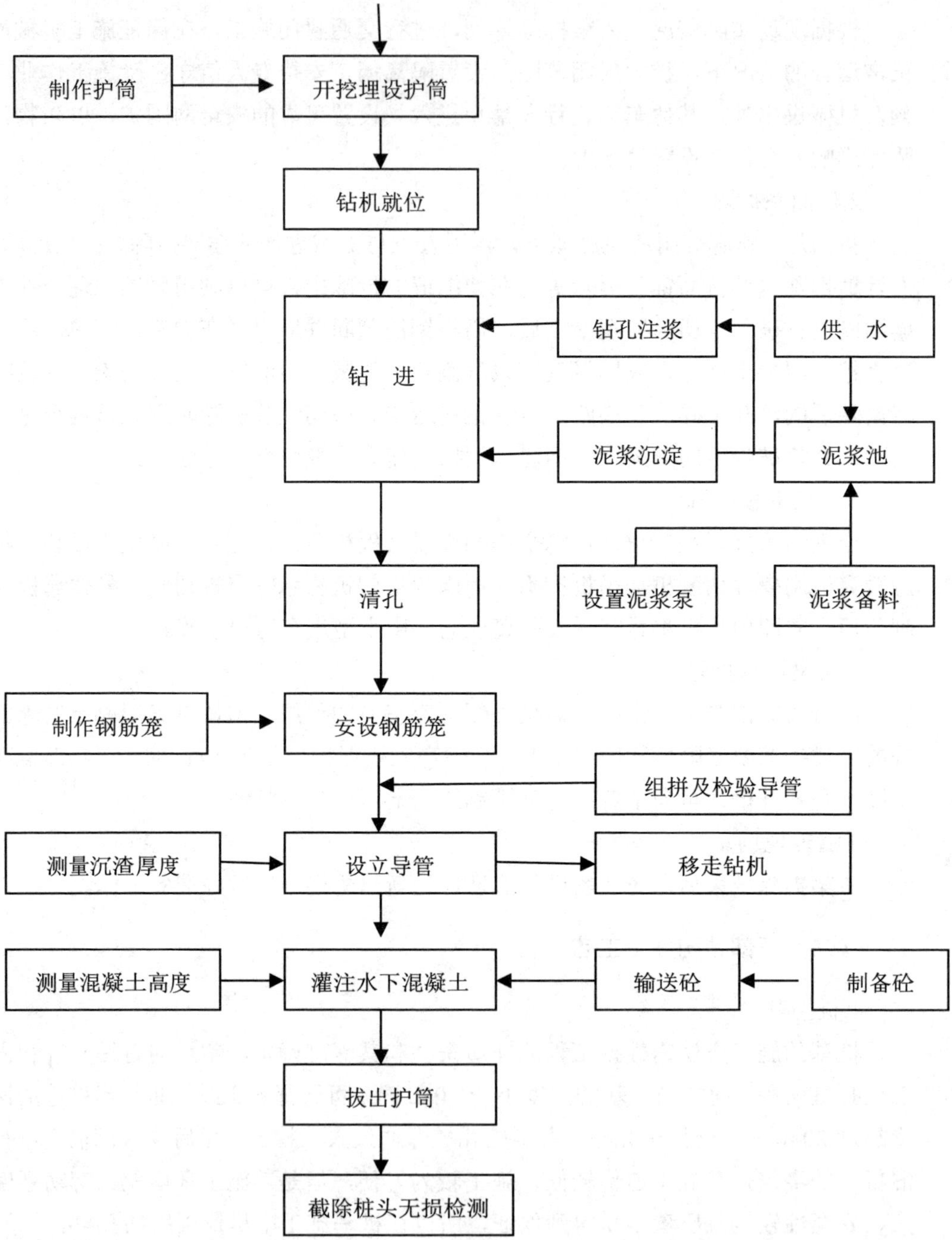

图 1—1　钻孔桩施工工艺流程

在开孔之前，要对设计桩位处的水文地质资料进行系统的研究分析，进行测量定位，布置钻孔场地，埋设护筒，配制泥浆。要保证在开孔和整个钻进过程中，孔内水位始终保持高于地下水位1.5~2 m，护筒顶面高度也要高于施工地面30 cm，防止孔内水溢出，等到泥浆循环正常之后，应密切关注泥浆密度这一指标，根据现场情况及时加黏土或补水，并适当地调整钻进速度。当钻孔完成以后，需要对钻孔底部沉积的高比重泥浆进行清理，处理办法为：采用导管为泵管，上部加上弯管，将泥浆坑内比重较小的泥浆注入孔内，使之形成自然循环的水头。当钻孔底部土层厚度小于30cm时，可将钢筋笼吊入钻孔之中，设立导管并灌浆，为保证钢筋笼的外径尺寸及垂直度，钢筋笼的钢筋骨架采用箍筋成型法。在灌注混凝土的过程中，应保证实际灌注的混凝土方量和混凝土面高度相符，多观察钻孔内水位升降，勤检查在导管内有无异常发生，从而对灌注情况加以评判。混凝土灌注完成后，拔除护筒，整个灌注得以完成。等到桩基的混凝土强度达到一定要求后，使用机械配合人工将桩头凿至设计的标高，这样有助于与结构较好地结合，再对成桩进行超声波无损检测，检查成桩质量。

2.墩台、系梁及盖梁

墩台、系梁及盖梁施工工艺流程如图1－2所示：

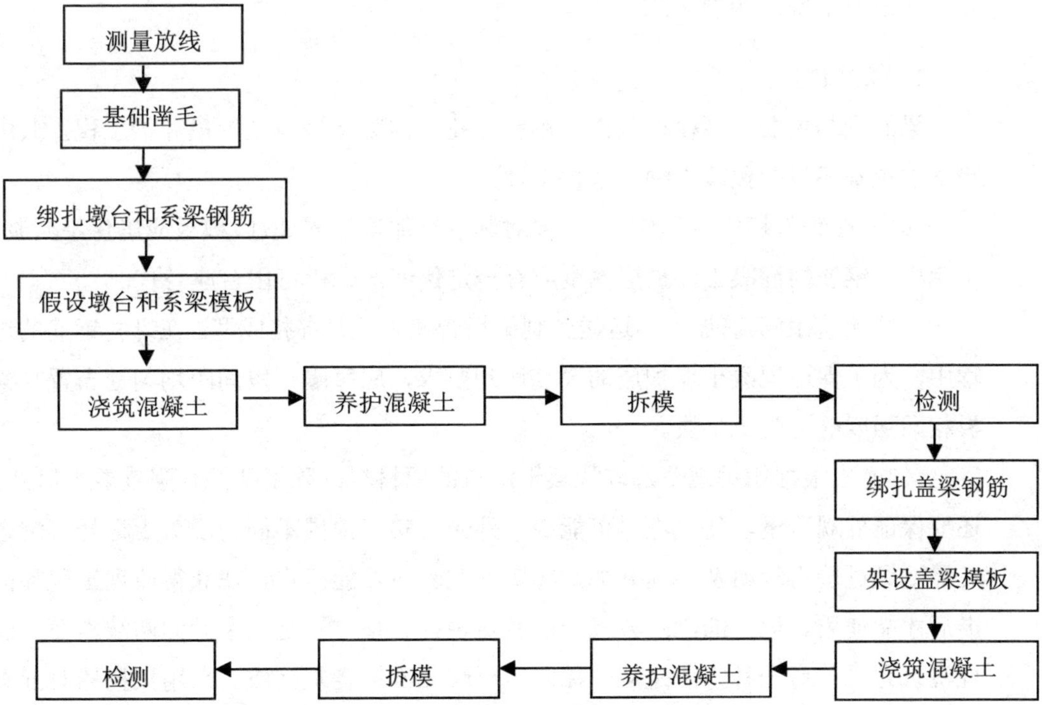

图1－2　墩台、系梁及盖梁施工工艺流程图

在对盖梁、桥墩和系梁混凝土施工之前，桩基顶面须被冲洗干净，将连接钢筋进行整修，并将基础顶面测量找平，划出墩台底面的位置。钢筋的加工绑扎应遵循规范的要求，明确规定允许的误差范围，且绑扎时不得将接头全部放在一个“截面”上。钢筋接长时可采用机械连接，但使用前，必须进行钢筋的拉伸试验。随后按照规定架设模板，混凝土灌注时也要对保护层尺寸和预埋件、钢筋及模板的位置进行检查，以保证位置正确，不发生变形。混凝土的垂直运输采用吊车，用自卸车进行水平运输。混凝土经过分次灌筑后成型，当垂直落距大于 2 m 时，混凝土到达浇筑面需要依靠溜槽或者串筒。混凝土的振捣可以采用插入式振动器振捣，振捣混凝土要密实，不得漏捣、重捣和振捣过深。振捣时要求振捣棒插入深度为下层混凝土内 5～10 mm，振捣插入点的次序采用交错式，振捣需持续至混凝土表面凝浆不再下沉为止。在浇筑施工结束后可选择采用覆盖洒水养护或喷膜养护。养护完成后按照规定拆模，拆模后需对混凝土进行检测，以保证混凝土强度达到预定要求。

（三）上部结构施工工艺

1.梁的预制

梁的预制主要包括模板制作、钢筋绑扎、混凝土浇筑及拆模养护工程，其中箱梁的预制还包括预应力钢束张拉工程。

（1）在制作模板过程中，一定要对其进行加牢加固处理，模板应确保不漏浆、不跑模，钢筋的混凝土保护层厚度应有一定保证，底模可由台座替代。

（2）钢筋由钢筋加工厂运送到制梁场台座上，并绑扎成型。在绑扎钢筋的过程中，为了保证混凝土保护层的厚度达到要求，应每隔一段间距均匀地布置与梁板相同强度的混凝土垫块。

（3）应根据相关规范选取混凝土浇筑的原材料，除了要符合强度要求以外，还要保证外观质量，使气泡尽可能少，外光内实。根据不同的混凝土标号，配合比需要经过选用骨料及不同外加剂等多次试验后才能确定，在获得监理工程师批准后才能使用。梁板的浇筑方式一般有两种：一种方法是从中间向两端斜面一次性浇筑完成；另一种方法是从一端向另一端一次性浇筑完成。采用振捣棒对混凝土进行振捣，除了要保证振捣棒在梁体内均匀分布外，每次插入的距离、时间和深度都要基本一样，防止过振、漏振现象的发生。

（4）梁板体的养护在环境温度和工期等条件允许的情况下，应采用以洒水为主的自然养护。当梁体拆模后，侧面用塑料膜覆盖保水，顶部覆盖草袋进行保水。

洒水标准应以混凝土表面的潮湿为标准，但当环境湿度达到 90%以上时可以不洒水，低于 60%时需养护 14 d。

（5）箱梁预制的预应力钢束张拉工程穿插在钢筋绑扎过程中，预应力管道采用波纹管。预应力的张拉工程要求混凝土的龄期不小于 7d，并且梁体混凝土强度高于设计值的 90%。在张拉施工前，应利用压缩空气对钢束端部、孔道和锚具进行彻底全面的清理。张拉时要严格以设计编号为依据，先对钢绞线进行稍微的张拉，之后为使千斤顶、锚具、轴线三者在同一直线上，需对其进行校对。在钢绞线初始应力为设计值的 1/10 时对其做好标记，并确保钢绞线在孔道内不存在滑动，这样才能对实际伸长量进行准确的测量。在实际施工过程中，可以采取双控张拉的方法，将其和实际伸长量比较核对，二者的误差范围应控制在 6%以下。预应力管道应在张拉后 24 小时内进行压浆，同时保证管道压浆具有良好的饱满度和密实度。

预应力管道压浆通常采用真空压浆法：在孔道的一端布置真空泵，将孔道抽成真空，令其产生－0.1 MPa 左右的真空度，然后利用压浆泵从孔道的另一端灌入优化后的水泥浆，直至充满孔道，并加以不大于 0.7 MPa 的正压力，从而提高预应力孔道压浆的饱满度和密实度。

2.梁的安装

目前预制空心板梁安装主要采用架桥机进行安装，部分桥梁受施工条件限制可采用吊车或其他办法进行安装。

空心板梁在运输的过程中，要注意其摆放方式，同时采取保护措施。到达现场要将梁放置在架梁位置附近，同时安装好支座，并确定出梁体中线及支座中线。在起吊前，要先进行试吊检验，在规定的吊点按照规定的方法挂钩，将梁体吊起离地面 25 cm 左右。此时，对机身和梁体进行检查，查看机身和梁体是否稳定并且牢固，在良好的状况下，才能继续进行起吊操作。起吊时，要保持速度均匀，垂直起吊并平稳升降，安装过程中，务必确保支座中线与梁体中线一致。

3.桥面系施工

桥面系的施工主要包括桥面铺装施工、护栏施工和伸缩缝安装。

（1）桥面铺装施工。可参考本书第五章中所阐述的内容。

（2）护栏施工。护栏有现浇混凝土护栏和预制护栏。现浇混凝土护栏施工时，为了保证护栏线形准确，要对全桥进行贯通测量，依据测量结果对护栏进行放样，按照要求架设模板，最好采用专用定型钢模。随后进行混凝土浇筑，浇筑前要检查预埋件和钢筋的位置是否符合要求。浇筑混凝土时，采用分层浇筑，逐层振捣，以确保护栏混凝土质量达到设计标准。

（3）伸缩缝安装。通常情况下，伸缩缝在运往工地之前就已经在工厂组装完毕，在安装之前也要对伸缩缝及现场状况进行检验。安装时，借助厂家提供的夹具，可以使伸缩缝宽度与预留槽宽度相适应，同时能有效控制伸缩缝中心线，使其与梁端中心线重合。保证伸缩缝两端在同一水平面上，然后焊接钢板，先焊接顶面，其次焊接侧面，再次焊接底面，并及时清理掉焊渣，完成焊接后将顶面磨平，并涂抹防腐漆。

因为伸缩缝在焊接后处于正常的伸缩状态，所以需要采用合适的泡沫板对构造缝进行填塞。填塞时，为防止后期漏浆，应使泡沫板向同一方向靠拢并挤紧。检查伸缩缝装置时，在其中线位置、缝隙及平整度等指标合格的条件下，才能进行混凝土的浇筑施工。

三、改建施工质量控制

桥梁改建工程的工作重点就是施工质量的控制。要想把桥梁施工的质量控制做到位，就必须进行具体、详细的质量控制工作安排，并采用科学的管理方法。只有采用科学的施工方案，并加强质量控制，才能达到桥梁建造施工的安全化和优质化的目标，从而保障桥梁施工的顺利进行。

（一）施工质量控制的对策

针对改建施工过程中施工质量控制的重点和难点，可以采取以下对策。

1.工程质量责任到人

首先应当明确工程参建的责任单位和责任人。在现场施工过程中，要把质量责任制落实到实处，切实做好记录签名和工序交接工作，每个质量环节追究到人。管理制度进行程序化的规范，明确质量目标，使日常质量的管理和监控有理可依、有章可循。

2.施工过程严格遵循规范要求

以雨期、冬季、高温混凝土现场施工质量管理为重点。加强施工过程中混凝土的生产、运输以及浇筑养护的管理工作。混凝土配合比在使用过程中应根据动态信息，及时调整、报批，做到动态质量控制。在使用混合材料和外加剂时，应在使用前重复试验以确定其掺量，做到科学使用。为消除支架沉降不均匀所产生的影响，分段浇筑时应预先做出设计。对于支架上浇筑混凝土期间，应设专人对支架和模板有无变形、位移进行检查，并如实填写记录。

3.保证材料质量

为保证材料质量，在对预应力筋用锚具、夹具和连接器在产品进场验收时，除了对硬度和外观进行检查以外，建设单位还应组织施工单位和监理单位对同一生产厂家的产品进行静载锚固性能试验。为了提高工程质量，施工人员应在混凝土构件到达龄期后，采用回弹法对构件进行强度检测，在对每一构件进行检测时，应布置不少于两个测区，并做好详细的检测记录。

（二）施工质量控制的内容

桥梁改扩建在施工过程中质量控制的主要内容可以概括为结构变形控制、结构应力控制和结构稳定性控制。

1.结构变形控制

结构变形控制是桥梁改扩建施工质量控制中最基本的要求，其又可以分为结构的尺寸控制和结构的线形控制。对构件截面面积和构件长宽高等尺寸的控制即为结构的尺寸控制；对结构平面线形和竖向线形的控制即为结构的线形控制。

通常情况下，构件的底板和顶板中线的误差不得大于 10 mm，长宽高误差不得大于 5 mm，结构的线形高程误差不得大于 15 mm，中轴线位置误差不得大于 5 mm。

2.结构应力控制

结构应力控制是桥梁改扩建施工质量控制中的核心内容，直接关系到桥梁的耐久性和安全性。由于结构的应力无法直接通过外观检测获取，因而只能借助相关的预埋测量仪器对桥梁施工过程进行监测。将理论值与实测值进行对比，分析出误差产生的原因并采取相应对策，从而使得理论值与实测值的误差控制在允许的范围之内，从根本上对施工质量进行控制。

3.结构稳定性控制

在桥梁改扩建施工过程中，对结构稳定性的控制也是十分重要的。然而，目前针对桥梁结构在施工过程中的稳定性还没有较为成熟的检测方法，还无法及时有效地应对突发失稳状况。因此，只能从预防的角度出发，采取临时固结措施，以保证桥梁在承受不平衡弯矩时能够保持稳定状态。并且，临时固结措施必须能够满足桥梁在改扩建施工过程中发生最不利状况的要求。

第二章　高速公路改扩建现状评价及设计优化

第一节　高速公路现状病害分析

需要改扩建的高速公路往往已经运营了相当一段时间，所以其现有的路基路面、桥梁、隧道构造物及沿线设施都会存在一定程度的破损或者损坏。改扩建时，为了充分利用旧有资源，必须要对现有高速公路的技术状况进行调查和分析，以便制定出更加科学合理的改造对策。本章主要对现状高速公路的路基路面和桥梁构造物的病害进行分析研究。

一、路基路面病害类型及产生原因

良好的路基路面可以为高速公路行车提供安全舒适的驾驶环境，裂缝、车辙、不均匀沉降等各种路基路面病害都会对道路的使用性能产生不利影响，甚至影响行车安全。根据路基路面病害的不同表现形式，高速公路的路基路面病害类型分为裂缝、车辙、坑槽和拥包、路基沉降、路基支挡结构损坏及水毁类路基破坏六类。

（一）裂　缝

裂缝是高速公路路面破坏的主要形式之一。路面裂缝主要分为横向裂缝、纵向裂缝、网裂及沉降裂缝四种。路面裂缝会导致路面渗水，危害基层。当路面出现裂缝后，若不及时处治，路面表层的水分会不断从产生的裂缝进入路面基层，甚至路基，导致路面以及路基结构层软化，进一步导致路面承载力下降，使路面损坏程度逐渐加剧。

1.横向裂缝的产生原因

（1）铺筑材料中半刚性基层材料温缩和干缩时会导致路面基层产生温缩或干缩裂缝，然后反射到面层，就会产生横向裂缝。

（2）在桥台台背与路段交接处、路基挖方和填筑结合部位、软土地基与非软土地基交界处以及软土地基处理方法变化部位等因地基引起的差异沉降导致基层的开裂，反射到沥青面层，也会形成路面的横向裂缝。

2.纵向裂缝的产生原因

纵向裂缝的产生原因主要有三种，即行车荷载作用、路基的不均匀沉降和施工接茬处置不当。其中，不均匀沉降引起的纵向裂缝通常出现在道路新、旧路面交界处和路基填挖交界处。由于路面施工处置不当，也会在路面施工的接缝处出现纵向裂缝。

3.网状裂缝的产生原因

网状裂缝通常是由横向裂缝和纵向裂缝进一步发展而形成的，其产生的原因主要有以下三种：

（1）由于路基的局部强度不足而引起道路面层出现裂缝后，在路面雨水渗透和行车荷载的反复作用下，路基表层材料逐渐变成粉浆通过面层裂缝渗出路面，路基表层渐渐被掏空后，致使面层出现沉降和网状裂缝。

（2）我国早期修建的高速公路的面层厚度普遍较薄，无法满足当前激增的交通量和道路严重超载状况的双重需求，以至于路面出现网状裂缝。

（3）由于路面面层较大的孔隙率，路面表层雨水极易渗透进道路基层，以至于基层逐渐松动破坏，最终导致道路面层出现网状裂缝。

（二）车　辙

车辙是指在行车荷载的反复作用下，沥青混凝土路面上出现的永久性带状凹槽。由于沥青材料本身的特殊性，因此路面车辙的产生受内因和外因的综合影响，其中，内因包括道路路面的结构层次和材料组成；外因包括交通和气象条件等。

在行车荷载的重复作用下，沥青混合料的受力易超过其本身的弹性变形极限，导致不可逆的塑性变形，持续作用下产生车辙。道路的路面结构不仅需要有足够的承载力，同时需要具有良好的抗车辙能力，所以在选择沥青混凝土路面结构时，越多的沥青材料易产生较大的路面变形，需采用刚性或者半刚性的基层，以抵消沥青材料的不良影响，降低路面的车辙发生率。且沥青材料为弹塑性材料，沥青路面的吸热能力较强，在温度较高的环境下，路面更易出现车辙病害。若路面已经出现裂缝，遇到雨雪天气，水分更易侵入路面基层，导致车辙病害的加剧。

（三）坑槽和拥包

坑槽产生的主要原因有：（1）施工时混合料的摊铺温度不足，以至于路面材料摊铺不均匀，压实不足，以至于产生坑槽；（2）施工时混合料的温度过高，致使沥青材料老化过度、粘附力减小，脆性提高，在车辆荷载的作用下更易产生坑槽；（3）道路路面施工时标高控制不合格，致使路面上面层厚度不够，在车辆荷载的反复作用下，上面层的沥青混合料极易流失，产生坑槽；（4）路面表层水分通过面层裂缝渗入到道路基层中后，在反复的车辆荷载作用下，会导致道路面层形成网状裂缝，网状裂缝进一步恶化后，面层材料出现脱落沉陷，最终形成坑槽。

拥包也属于材料型破坏，在车轮外力作用下，沥青混凝土面层相对于基层发生移动变形，变形积累形成拥包，且由于道路横坡作用，拥包一般出现在右侧轮迹外缘。

（四）路基沉降

公路路基沉降分为均匀沉降和不均匀沉降，两种沉降都会导致公路路面的不平整，形成裂缝，导致雨水渗入，进一步引发路基及路面破坏。引起公路路基沉降的原因主要有以下几种：

1.不良地质

当公路的路基刚好处于不良地质体（如滑坡、空穴）时，修建高速公路会引起不良地质体附近的微地貌的变化（如水地质、工程地质）。在公路运营期，受到持续行车荷载的作用下，已有的不良地质会继续变化扩大，从而导致公路路基产生沉降，路面出现沉降或者裂缝，严重时甚至导致路基塌陷。

2.软土基层

若在铺设面层前，软土地基的固结沉降没有达到施工要求，同时由于软土地基会引起道路纵断面产生较大的变形，在这种情况下，就会导致道路出现很明显的不均匀沉降；复合地基处理深度和置换率偏小时，同样会引起路基不均匀沉降。

3.填挖交界

填挖路基产生纵向不均匀沉降，主要表现为路面表面出现波滚式的不平整。填挖交界处出现不均匀沉降的原因有两个：一是与填土的性质、压实度和填筑土体高度有关，即填筑土体的固结形变；二是与原有路基自身的固有变形有关，当填筑新土体后，会对原有路基起到一定的加载作用，使其产生收缩变形。

4.路基压实差

若施工时对路基的压实度控制不严，会导致路基的压实度具有一定的差异性。在高速公路运营期行车荷载的作用下，就会使这种差异性表现得更加明显，出现路基的不均匀沉降，导致路面产生裂缝。

（五）路基支挡结构损坏

路基支挡结构损坏的主要表现为挡墙开裂、墙体倾覆滑移等。路基挡墙的作用主要是为新填筑路堤提供支撑力，阻挡路堤的下滑。引起路基挡墙破坏的因素可以归纳为以下六类：

（1）施工不当导致路基挡墙发生破坏。

（2）路基挡墙设计承载力不足，进而发生结构破坏。

（3）环境侵蚀如结构浸水发生冻融破坏、化学物质粉化混凝土等导致路基挡墙结构破坏。

（4）地基不良或者持力层土体浸水，导致路基挡墙发生整体式滑移破坏。

（5）外部荷载超过了路基挡墙的设计最大荷载，导致路基挡墙产生较大位移或整体崩裂破坏。

（6）地震、洪水、山体滑坡等自然灾害因素导致路基挡墙产生整体破坏，一般情况下此种破坏是不可修复的。

二、桥梁病害类型及产生原因

由于设计、施工、荷载和环境因素的共同影响，在役的大部分高速公路桥梁都出现了不同程度和不同类型的损伤。本节将主要从桥面系病害、上部结构病害及下部结构病害对高速公路现状桥梁主要病害类型及其产生原因进行分析。

（一）桥面系病害

常见的桥面系病害主要有伸缩缝损坏和铺装层病害两种。

1.伸缩缝损坏

伸缩缝装置是桥面系的重要组成部分，其作用是调节温度变化和车辆荷载作用等所导致的上部结构之间的相对位移。但是，由于伸缩缝本身的构造特点，伸缩缝非常容易被杂物堵塞，如果得不到及时清理，伸缩缝将失去伸缩作用，影响桥梁结构受力和行车安全。

各类伸缩缝装置一般病害通常表现为伸缩缝本身结构的破坏，如防水材料的老化脱落、锚固构件的损坏、锚固处混凝土的开裂破损、伸缩缝凹槽被杂物堵塞等。伸缩缝的这些病害是导致伸缩缝处出现凹凸不平、跳车及渗漏的直接原因。

引起伸缩缝损坏的原因主要有：①自然因素：阳光暴晒、雨雪冲刷、季节温差及日照温差；②设计原因：早期修建的部分桥梁的桥面板刚度不够、伸缩缝锚固薄弱或设计时伸缩量计算不准确；③施工养护原因：伸缩缝装置处的混凝土和铺装层所选择的材料、配合比及密实度未达到设计要求；伸缩缝装置的防水和排水设施选择不当；伸缩缝装置内杂物未及时清理。

2.铺装层病害

高速公路桥梁多选用沥青混凝土铺装层，此类铺装层出现的病害多为裂缝、拥包、推移、车辙、坑槽、松散六种。铺装层裂缝主要出现在跨径较大的桥梁中，在行车荷载作用下，桥梁结构出现振动，但桥面铺装层不同于一般路面面层，受到桥梁结构约束和梁体变形的共同作用，致使桥面铺装层出现裂缝。铺装层拥包、推移的产生原因有：①铺装层内部剪应力大；②铺装层和桥面板之间的粘结力不足；③柔性防水层的使用导致板底拉应力增大；④车辆超载作用。铺装层车辙主要是由超载、车速过快和在桥面上的紧急制动引起的。铺装层坑槽和松散病害主要是由施工控制不严和养护不到位造成的。

（二）上部结构病害

我国公路桥梁大多为混凝土梁（板）桥。混凝土梁（板）桥中的主要病害有裂缝、铰缝脱落、露筋、锈蚀、蜂窝麻面等。连霍高速洛三灵段的桥梁主要为预制 T 梁或者空心板结构，其主要病害表现为：

1.裂　缝

不同类型混凝土桥梁上部结构裂缝出现的位置不同。混凝土空心板桥的上部结构裂缝一般出现在板底，分为两类：纵向裂缝与横向裂缝。纵向裂缝通常是由于桥梁横向联系不足而导致裂缝沿空心板企口缝位置纵向出现，横向裂缝是由于混凝土抗拉强度不足而产生的。混凝土 T 梁桥的技术状况较好，病害通常较少，裂缝多出现在马蹄上表面的纵向裂缝，裂缝产生的原因主要是：由于预应力管道处保护层过低且应力集中，裂缝多沿预应力管道产生且靠近支座处。

2.表层病害

高速公路混凝土梁（板）桥表层病害主要有铰缝脱落、露筋、锈蚀、蜂窝麻面几种。

铰缝脱落是混凝土空心板桥的病害之一。铰缝是混凝土空心板桥的横向联结构造，用以传递剪力，当铰缝处混凝土强度不够，骨料粒径不合理，或者浇筑过程中振捣不足，底模不严时，会导致水泥砂浆的流失，造成铰缝脱落。

露筋是指桥梁梁体自身内部主筋或副筋局部裸露在结构表面，桥梁上部结构的其他表层病害会导致结构钢筋的裸露，如随着蜂窝麻面、剥落、裂缝等病害的发展，梁体内部的主筋、副筋会逐渐裸露于空气中，使结构钢筋直接暴露于外界环境下而发生锈蚀。

钢筋的锈蚀主要是由于混凝土的保护层厚度不够、混凝土密实度不够而引起空气中的二氧化碳与水泥水化产物产生碳化反应，使周围钢筋混凝土碱性降低，引起钢筋钝化膜破坏，造成钢筋的锈蚀，而钢筋的锈蚀会引起钢筋体积的膨胀，进一步使混凝土产生剥落、开裂，从而降低混凝土结构的承载能力和耐久性。

蜂窝麻面主要是由于施工不当引起的，例如，混凝土灌注时振捣不充分、分层灌注时产生离析、模板缝隙过大、模板表面不平整、施工前模板湿润不够等。同样，由于构造不当、配筋过密或混凝土材料组骨料粒径过大等设计原因也会导致混凝土表面出现蜂窝麻面病害。

（三）下部结构病害

桥墩、桥台的作用是将上部结构的荷载连同自身重力传递给基础，同时桥台又起着与路堤连接、桥墩则连接相邻两孔的作用。桥梁墩台的病害主要表现为墩台倾斜变位和裂缝两种。

墩台的倾斜、变位是桥梁下部结构的最严重病害类型，桥梁墩台发生倾斜、变位主要受自然因素的影响，如流水冲刷、软土基础病害、滑坡、泥石流等。

桥梁下部结构裂缝产生的主要原因包括：①施工水化热及外部温度变化的影响；②地震或船只撞击；③岩溶、软土不良地基导致的基础不均匀沉降；④台背排水不畅引起的冻胀病害影响；⑤台背设计填土级配不合理或者搭板后的路基压实度不够。下部结构不同部位的裂缝产生的原因也不相同，墩台身裂缝的产生主要受上述①②③原因的影响；桥台台身、侧墙、前墙及翼墙裂缝的产生主要受上述④④⑤原因的影响；盖梁、系梁的裂缝产生主要是上述③原因的影响。

第二节 高速公路技术现状评价

高速公路技术现状评价是高速公路改扩建的基础，是科学制订改扩建方案的依据。根据《公路技术状况评定标准》，公路技术状况的评价内容包括路基、路面、桥梁隧道构造物以及沿线设施四部分，本章公路技术状况评价将桥梁隧道构造物评价分成桥梁和隧道两类。

公路技术状况的评价方法很多，本章将重点采用特尔菲一理想点法、功能重要度系数法和变权综合评定法等对高速公路的路基、路面和桥梁进行评价，而对于隧道和沿线设施直接选用规范中的评定方法，最后采用灰色聚类决策方法对高速公路技术状况进行综合评定。

一、高速公路路面使用性能评价

路面使用性能评价是根据收集到的道路实际路况资料，对满足路面使用要求的程度做出一个准确清晰的判断。目前路面使用性能评价理论的研究方法主要分为以下几类：①根据《公路养护技术规范》进行路面使用性能评价；②使用模糊神经网路或专家系统方法对路面的各个指标进行模拟判断，从而得到路面使用性能等级；③根据灰色系统理论、模糊数学理论、概率统计理论建立评价模型，对路面使用性能进行评价。上述方法各有特点，它们所依据的信息种类、数量各不相同。本书将采用特尔菲一理想点法对高速公路路面使用性能进行综合评价。

特尔菲一理想点法是一种解决和预测不确定问题的综合判定法，先通过特尔菲一理想点法确定各个指标的权重，然后再利用理想点法建立评价模型。

（一）高速公路路面使用性能评价矩阵的建立

针对高速公路常用的沥青路面，根据《公路技术状况评定标准》《公路沥青路面养护技术规范》《公路养护技术规范》和前人研究成果得知沥青路面的使用性能的评价指标包括路面损坏状况指数（PCI）、路面行驶质量指数（RQI）、车辙深度（RD）、抗滑性能指数（SRI）和结构强度指数（SSI）五种，其具体分级标准见表 2一1：

表 2一1　沥青路面使用性能分级标准

级别	PCI	RQI	RD/mm	SSI	SRI
I	100一85	100一8.5	0一5	1.50一1.00	100一91
II	850一70	8.5一7.0	5一10	1.00一0.83	91一80
III	700一55	7.0一5.5	10一15	0.83一0.66	80一64
IV	550一40	5.5一4.0	15一20	0.66一0.50	64一49
V	400一0	4.0一0	20一35	0.50一0.0	49一35

说明：为了方便取值计算，按照相关规范要求，对于 RQI 值大于 10 的取 10；RD 值大于 35 的取 35；SRI 值上限值取 100；SSI 值大于 1.50 的取 1.50，下限值取 0.0。

建立评价矩阵对任一评价对象 R 都有 n 个评价指标，把 n 个指标看成是评价对象 R 的 n 个目标函数，建立评价函数 F（x）：

$$F(x)=\left[f_1(x), f_2(x),..., f_n(x)\right]$$

设各评价指标对应的权重分别为 w_1，w_2，…，w_n，评价对象 R 在目标函数下 f_i（x）的值对应为 x_i，则评价矩阵如下：

$$X=\left[x_1, x_2,..., x_n\right]\left[w_1, w_2,..., w_n\right]^T$$

对于高速公路路面使用性能的评价，评价对象为路面使用性能；评价指标有五个，分别为路面损坏状况指数（PCI）、路面行驶质量指数（RQI）、车辙深度（RD）、抗滑性能指数（SRI）和结构强度指数（SSI），具体权重由特尔菲法确定。

（二）高速公路路面使用性能评价指标权重的确定

本书将采用特尔菲一理想点法确定指标权重，其过程如下：

1.选择专家

成立一个不少于 5 人的专家组。

2.提出评价问题

向专家提出评价问题：以路面损坏状况指数（PCI）、路面行驶质量指数（RQI）车辙深度（RD）、抗滑性能指数（SRI）和结构强度指数（SSI）为基本指标，评价公路路面使用性能时，各个指标的权重为多少。

3.设计评价意见征询表

对于公路路面使用性能影响的每个指标，将其影响程度划分为 1～10 级，1 级代表影响程度最小，10 级代表影响程度最大。然后，各个专家对每个指标对路面使用性能的影响程度进行判断打分。

4.专家意见收集与反馈

对第一次专家评分进行收集整理，汇总成表进行对比分析，将汇总结果反馈给各个专家进行参考，然后进行第二次打分，反馈，以此类推 3～4 次。

5.确定权重

经过多次专家打分和反馈，最终确定专家打分。

$$K_i = \frac{1}{S}\sum_{j-1}^{s} C_{ij}$$

式中：K_i 为第 i 个指标评分的平均值；C_{ij} 为第 i 个指标第 j 个专家的打分值；S 为专家评价打分的总人数。

然后对各个指标的打分进行归一化处理，即为各个指标的权重：

$$w_i = K_i / \sum_{i-1}^{5} K_i$$

整理得到权重矩阵为：

$$w = \left[w_1, w_2, \ldots, w_5\right]^T$$

（三）数据的标准化处理

为了消除不同指标量纲的影响，需对各个指标数据进行规范化处理，处理公式如下：

$$S_i = \frac{f_i - f_i^*}{f_{im} - f_i^*} \times 100$$

式中：S_i是标准处理后的第 i 个指标的数据；f_i是处理前的第 i 个指标的数据；f_i^*是第 i 个指标的最优值，即第 i 个指标的第Ⅰ级的上限值；f_{im}是第 i 个指标的第 m 级指标的下限值。

（四）高速公路路面使用性能评价函数确定的理想点法

对于理想点法确定的评价函数，评价指标值距离理想点越近，评价越优。由于以正理想点为参照的判断方法分辨能力强，所以选用正理想点为参照点以计算实测值距理想点的距离。在 n 维空间定义一个模，利用闵可夫斯基距离公式计算距离。闵可夫斯基距离公式如下：

$$D = \left\| F(x) - F^*(x) \right\| = \left\{ \sum_{i-1}^{n} w_i \left[f_i(x) - f_i^* \right]^p \right\}^{1/p}$$

$$F^*(x) = [100\ 10\ 0\ 1.5\ 100]$$

式中，$F(x)$为路面使用性能指标数据函数；$F^*(x)$为理想点函数；w_i为第 i 个指标的权重；$f_i(x)$为第 i 个指标数据；f_i^*为第 i 个指标理想数据。

在实际应用中，可根据不同的需要选择不同的 P 值。

当 P=1 时，$D = \left\{ \sum_{i-1}^{n} w_i \left[f_i(x) - f_i^* \right] \right\}$ 称为海明距离或绝对距离；

当 P=2 时，$D = \left\{ \sum_{i-1}^{n} w_i \left[f_i(x) - f_i^* \right]^2 \right\}^{1/2}$ 称为欧氏距离；

当 P=∞时，$D = \left\{ \sum_{i-1}^{n} w_i \left[f_i(x) - f_i^* \right]^{\infty} \right\}^{1/\infty}$ 称为切比雪夫距离。

一般情况下，采用 P=2 时的欧氏距离进行距离计算，即：

$$D=\left\{\sum_{i-1}^{5}w_i\left[f_i(x)-f_i^*\right]^2\right\}^{1/2}$$

二、高速公路桥梁技术状况评价

高速公路桥梁技术状况的评定就是通过各种评定方法评定桥梁的整体及各部件技术状况，确定其技术等级。《公路桥涵养护技术规范》给出的综合评定法是一种常用的桥梁技术状况评定方法，但当小权重部件完全或者接近丧失功能而影响桥梁的正常使用性能时，采用养护规范评定方法做出的评定结果往往不能有效地反映桥梁的实际状况，不利于制定正确的决策，而变权综合评定法可以弥补规范定权法的不足。本节将依据《公路桥涵养护技术规范》采用变权综合评定法对高速公路桥梁的技术状况进行评价。

（一）综合评定法

根据《公路桥涵养护技术规范》，一般综合评定法将桥梁分为 17 部分，并给予不同的权重，根据桥梁部件对结构的重要程度、缺损的发展情况对桥梁各部件进行累加评分，并对各部件做出缺损状况等级评定。当对桥梁各部件评定标度后，可根据《公路桥涵养护技术规范》（JTGH11－2004）的综合评定算式确定桥梁的技术状况评分：

$$D_r=100-\sum_{i-1}^{n}R_i\omega_i/5$$

式中：D_r为桥梁结构技术状况评分，取值 0～100，评分越高，表示桥梁状况越好；ω为桥梁各部件的权重。

（二）变权综合评定法原理

变权综合是因素空间理论中的内容之一，变权综合原理反映了综合决策中各个评价因素的均衡性，当其中某一因素评价值过低，即使这一因素的权重在整个评价体系中很小，总体评价结果将迅速接近零。这种变权综合评定法随着某一小权重因素评价值的减少反应灵敏，随着某一高权重因素评价值的增大而反应迟钝，充分体现了“均衡性”。

常规状态下的常权综合模式为：

$$V_0=\sum_{j-1}^{m}\omega_j^{(0)}x_j$$

式中：m 为评价指标数；$\omega_j^{(0)}$ 为第 j 个指标的权重；x_j 为第 j 个指标的评估值。

常权综合法原理简单，思路清晰，应用广泛。但是在某些特殊情况下，如评价指标众多，当其中一个指标的评语发生重大变化时，常权综合法不能有效地反映变化，从而导致评估结果的不准确。变权综合评估法可以通过均衡函数对评价对象的各指标权重进行适度调整，使综合决策中各状态的均衡性得到满足，对评价对象进行更为客观全面的评价。

采用均衡函数的变权综合模式为：

$$V=\sum_{j-1}^{m}\omega_j(x_1,x_2,\ldots,x_m;\omega_1^{(0)},\omega_2^{(0)},\ldots,\omega_m^{(0)})x_j$$

式中：w_j 为评价指标变权权重。

（三）变权综合评定法对桥梁技术状况的评价

根据《公路桥涵养护技术规范》的综合评定方法算式：

$$D_r=100-\sum_{j-1}^{m}R_jw_j/5$$

规范中的综合评定法属于常权综合模式，其各部件的权重 w_i 均大于 1，不符合变权综合模式的基本要求 $\omega_j^{(0)}\geq 0;\sum_{j-1}^{m}\omega_j^{(0)}=1(j=1,2,\ldots,m)$，所以需对公式进行适当变化。

根据《公路桥涵养护技术规范》（JTGH11－2004）可知 $\sum_{j-1}^{m}w_j=100$，得

$$D_r = 100 - \sum_{j-1}^{m} R_j w_j / 5$$

$$= \sum_{j-1}^{m} 5\omega_j / 5 - \sum_{j-1}^{m} R_j w_j / 5$$

$$= \sum_{j-1}^{m} (5 - R) w_j / 5$$

$$= \sum_{j-1}^{m} \left[20(5 - R_j)\right]\left[w_j / 100\right]$$

令 $\omega_j^{(0)} = \dfrac{w_j}{100}, x_j = 20(5 - R_j)$，可以得到变权综合评定计算式：

$$V(x_1, x_2, \ldots, x_m) = \frac{\sum_{j-1}^{m}\left[w_j / 100\right]\left[20(5 - R)\right]^{\alpha}}{\sum_{k-1}^{m}\left[w_k / 100\right]\left[20(5 - R_k)\right]^{\alpha - 1}}$$

变权公式：$\omega_j(x_1, x_2, \ldots, x_m) = \dfrac{\left[w_j / 100\right]\left[20(5 - R_j)\right]^{\alpha - 1}}{\sum_{k-1}^{m}\left[w_k / 100\right]\left[20(5 - R_k)\right]^{\alpha - 1}}, j = 1, 2, \ldots, m$

在应用变权综合评定法对桥梁技术状况进行评定时，将不具备某项或者某几项的权重按比例分给其他各项，但须保证各分部结构的总权重保持不变化，保证各分部结构相对于整个结构重要性不发生变化，各分部结构所包含的子项根据具体情况按比例重新调整权重分配。这样可以保证个别桥梁构件出现重大缺陷状况时，可以在整体评定结构中明显表现出来，使评定结果更符合实际情况。

三、高速公路路基技术状况评价

（一）功能重要度系数法基本原理

功能重要度系数法，又称强制决定法，简称为“FD”（Forced decision）法。

“FD”法是价值工程中功能评价的一个重要手段，如图2－1，功能评价中，一般是针对子因素功能的评价，子因素的功能属于下位功能，而这些下位功能都有上位功能。一个上位功能通常由若干个下位功能组成，每个下位功能对于上位功能的作用是不相等的，根据“按劳分配”原则，其作用大的功能享有较多的成本，作用小的功能分配较少的成本。这种根据功能分配的成本可作为功能的评价值，评价值的大小由上位功能的评价值和功能的重要程度决定。

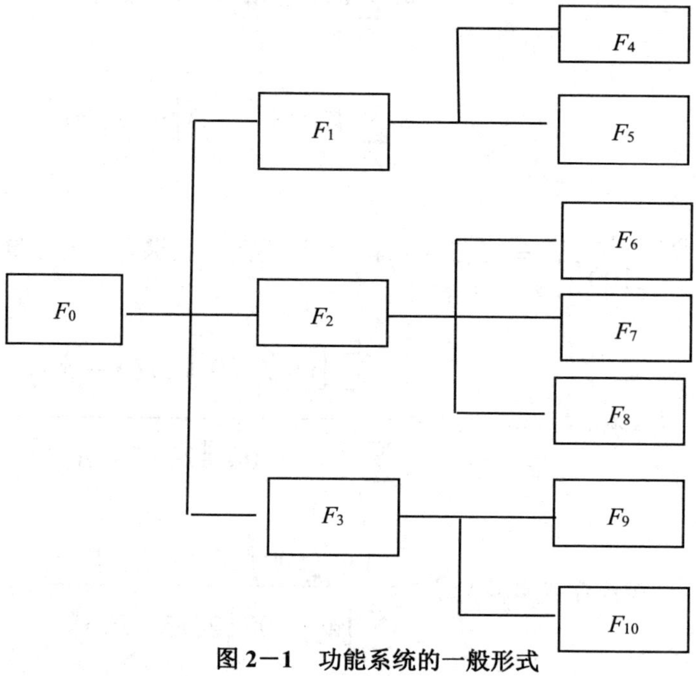

图2－1　功能系统的一般形式

“FD”法常用评分方法有“0－1”和“0－4”评分法两种。

“0－1”评分法就是将各功能按照“FD”法“0－1”评分表（见表2－2）的方式排列起来，然后对各功能分别进行两两评价。评价两个功能的重要性时，采用一对一的比较法，功能重要的得一分；功能相对不重要的得零分；各功能自己对比不得分，以“—”划去。某一个功能的评分为各个对比得分的总和。

表 2－2　“FD”法“0－1”评分表

序号	功能	功能					评分值	功能重要度系数
		A	B	C	D	E		
1	A	—	1	1	1	1	4	0.40
2	B	0	—	1	1	1	3	0.30
3	C	0	0	—	1	1	2	0.20
4	D	0	0	0	—	1	1	0.10
5	E	0	0	0	0	—	0	0
合计							10	1

“0－4”评分法也是将各功能按照表“FD”法“0－4”评分表的方式排列起来，然后对各功能进行两两评价。与“0－1”评分法不同的是，运用“0－4”评分法对两个功能的重要性进行比较评分时，其评分可以分为4、3、2、1、0五种。两两比较评分时，相对很重要的功能评分为4；相对很不重要的功能评分为0；相对比较重要的功能评分为3；相对不太重要的功能评分为1；当两个功能同样重要时评分为2。某一个功能的评分为各个对比得分的总和。

表 2－3　“FD”法“0－4”评分表

序号	功能	功能					评分值	功能重要度系数
		A	B	C	D	E		
1	A	—	3	4	4	4	15	0.375
2	B	1	—	3	4	4	12	0.30
3	C	0	1	—	3	3	7	0.175
4	D	0	0	1	—	2	3	0.075
5	E	0	0	1	2	—	3	0.075
合计							40	1

根据以上两个表格的评分结果，可以得到各个功能的重要度系数 F，F 的数学表达式为：

$$F=\frac{\text{各功能评分}}{\text{全部功能评分总和}}$$

由以上评分结果可知：重要性最大的功能，其功能重要度系数也最大；反之，也符合。所以，“0－1”评分法与“0－4”评分法都是合理的。

“0－1”评分法与“0－4”评分法相比较，“0－1”评分法不能有效评价两个重要度接近的功能，“0－4”评分法相对更客观一些。所以，在对高速公路路基状况进行评价时，采用“FD”评价中的“0－4”评分法。

（二）功能重要度系数法确定路基技术指标权重

根据《公路技术状况评定标准》，路基技术状况的评定主要包括八个部分：路肩边沟不洁、路肩损坏、边坡塌陷、水毁冲沟、路基构造物损坏、路缘石缺损、路基沉降及排水系统淤塞。运用功能重要度系数法对路基的技术状况进行评价时，首先根据专家经验和工程实际确定每两个指标间的相对重要程度，然后按“FD”法求解每个指标的重要度系数。

（三）高速公路路基技术状况的确定

可以采用专家评分法或其他方法得到路基各评价指标的实际值，总的评价值可根据公式 $w=\sum_{i-1}^{n}a_i w_i$ 求得。为方便运用专家评分法对路基技术状况进行评价，可将每个指标划分成几个等级并赋予相应的分值。一般将指标等级划分为 7 个等级，即最好、好、较好、一般、较差、差、很差，相应的分值取 100、85、75、60、45、30、10。这样，专家在评价时可直接在相应的栏目内打“√”即可。

四、高速公路技术状况综合评定

根据《公路技术状况评定标准》，公路技术状况的评价内容包括路基、路面、桥梁隧道构造物以及沿线设施四部分，本书将桥梁和隧道单独考虑。这样，公路技术状况的评价指标将包括路基、路面、桥梁、隧道和沿线设施五个方面，其中公路隧道与沿线设施的技术状况评价采用《公路技术状况评定标准》中的评定方法进行评价，可以得到隧道技术状况指数（$SCI_{隧}$）及沿线设施技术状况指数（TCI）。

对于高速公路技术状况的综合评价，由于涉及因素多，且各因素之间关系复杂并且相互影响，因此在对各指标进行评价时，往往带有“灰色”特征。本书采用灰色聚类方法对公路的技术状况进行综合评定。

（一）灰色聚类决策模型

1.建立样本矩阵

设有 i=1，2，…，n 为聚类对象，j=1，2，…，m 为聚类指标，k=1，2，…，K 为不同的灰类，x_{ij} 为第 i 个聚类对象对于第 j 个聚类指标的样本值，X 是以 x_{ij} 为元素的样本矩阵，即

$$X=\left(x_{ij}\right)_{n\times m}=\begin{bmatrix} x_{11} & x_{12} & \cdots & x_{1m} \\ x_{21} & x_{22} & \cdots & x_{2m} \\ \vdots & \vdots & \vdots & \vdots \\ x_{n1} & x_{n2} & \cdots & x_{nm} \end{bmatrix}$$

2.求各灰类的权值

设η_{jk}为灰类聚类权，指第 j 个聚类指标相对于第 k 个灰类的权重，当聚类指标的量纲相同时，则

$$\eta_{jk}=\lambda_{jk}/\sum_{j=1}^{m}\lambda_{jk}$$

若聚类指标的量纲不同，且不同聚类的样本值在数量上相差很大时，可按照如下公式先进行无量纲处理：

$$\gamma_{jk}=S_{jk}/S_{j}$$

式中：S_{jk} 指第 j 个聚类指标的第 k 个灰类（标准值，或取白化函数的阈值 λ_{jk}）；S_j 指第 j 个聚类指标的参照标准；γ_{jk} 指无量纲化后的灰色聚类权。

对聚类指标进行无量纲处理后，运用如下公式计算各灰类的权值：

$$\eta_{jk}=\gamma_{jk}/\sum_{j-1}^{m}\gamma_{jk}$$

3.求灰色聚类系数及灰色聚类矩阵

记σ_{ik}为灰色聚类系数，表示第 i 个聚类对象属于第 k 个灰类的程度，即

$$\sigma_{ik}=\sum_{j-1}^{m}f_{jk}(x_{ij})\eta_{jk}$$

式中：f_{jk}（x_{ij}）指由样本值 x_{ij} 求得的白化函数；η_{jk} 指灰色聚类权值。

然后建立灰色聚类决策矩阵：

$$\sum=(\sigma_{ik})_{n\times k}=\begin{bmatrix}\sigma_{11} & \sigma_{12} & \cdots & \sigma_{1k}\\ \sigma_{21} & \sigma_{22} & \cdots & \sigma_{2k}\\ \vdots & \vdots & \vdots & \vdots\\ \sigma_{n1} & \sigma_{n2} & \cdots & \sigma_{nk}\end{bmatrix}$$

若有σ_{ij}满足$\sigma_{ij}=\max\limits_{1\le j\le k}\{\sigma_{ik}\}=\max\limits_{1\le j\le k}\{\sigma_{i1},\sigma_{i2},...\sigma_{ik}\}$，式中 i=1，2，…，n；k=1，2，…，k，则称聚类对象 i 属于 k 灰类，即在聚类的行向量$\sigma_{i}=[\sigma_{i1},\sigma_{i2},...,\sigma_{ik}]$中找出最大聚类系数$\sigma_{ik}$，该最大的聚类系数所对应的灰类 k 即为该聚类对象所属的灰类。

（二）确定指标体系

在进行公路技术状况评价时，评价指标的选择应遵循以下四个原则：目的性、科学性、操作性、客观性。

根据以上原则并结合《公路技术状况评定标准》中的相关规定，确定高速公路技术状况评价指标为路面使用性能指数（PQI）、路基技术状况指数（SCI）、桥梁技术状况指数（$BCI_{桥}=D_r$）、隧道技术状况指数（$BCI_{隧}$）及沿线设施技术状况指数（TCI）五种，以上各指标可以通过对现场实测资料分析后得到。其中，各项指标除了路面性能指数，均为百分制，分数越高状况越好，分数越低状况越差。

为方便计算，将路面性能指数按照公式计算后，令 PQI=100－D，得到的评价结果也相应变为分数越高时状况越好。当计算结果 PQI＜0 时，取 PQI=0。

（三）基于灰色聚类的高速公路技术状况评价

设有样本矩阵为 $X=(x_{ij})_{n\times m}$，其中 i=1，2，…，n 为评价对象，j=1，2，…，5 为评价指标。根据各项评价指标的分级标准，将各聚类指标分为 5 个灰类，k=1，2，…，5 为灰类。然后根据不同指标的分级标准，确定各灰类白化函数的阈值 λ_{jk}，并构造第 j 个评价指标的白化函数。

由于各评价指标均为百分制，且都为越大越佳，所以高速公路技术状况的评价的各个指标不需再进行无量纲处理，可直接根据 $\eta_{jk}=\lambda_{jk}/\sum_{j-1}^{m}\lambda_{jk}$ 求得各灰类的权值。

然后求得灰色聚类系数 σ_{ik}，建立灰色聚类决策矩阵，找出最大聚类系数 σ_{ik}，该最大的聚类系数所对应的灰类 k 即为该聚类对象所属的灰类，即为高速公路技术状况综合评价结果。

第三节　改扩建高速公路路线设计优化

随着社会经济的快速发展，我国早期修建的高速公路的运行压力日益加剧，提高高速公路的通行能力和服务水平势在必行，而提高高速公路的运行能力和服务水平的方式从根本上分为扩容和扩建两种。扩容，即通过新建高速公路，增加路网密度来缓解原有高速公路的运行压力，提高路网通行能力；扩建，即在原有高速公路的基础上，通过增加原有高速公路的车道数来缓解高速公路的运行压力，提高公路通行能力。扩容与扩建相比，前者是新建一条高速公路，需大量占用土地资源，拆迁量大，工程量大。后者是在原有道路的基础上进行扩建，相对来说拆迁量小，占用土地资源少，但改扩建施工要受到原路物理条件和交通条件的约束，施工较复杂。

路线的设计是改扩建高速公路设计的主要内容，本章则主要对改扩建高速公路路线的设计进行研究。一般来说，高速公路改扩建的路线设计是在原有道路的基础上，对新建高速公路的路线进行拟合。高速公路改扩建的路线设计主要包括平面线形、纵断面线形、平纵断面组合及横断面的设计几部分，本章将侧重研究平面线形、纵断面线形以及平纵断面组合的设计优化，并结合依托工程“连霍高速洛三灵段的改扩建工程”进行举例分析。

一、高速公路改扩建路线设计方法

（一）设计原则

高速公路改扩建时路线的设计主要是在对原有公路路线进行测量后，选择合适的控制因素，对既有路线进行平面拟合和纵断面拟合。同时，综合考虑原有道路的拓宽条件、路基路面状况、桥梁隧道等构造物情况以及原有道路是否可以继续利用等因素，对既有路线平面和纵断面的选线进行优化处理。

高速公路改扩建时线路的设计应遵循以下原则：

第一，改扩建高速公路路线平面及纵断面设计选择原有公路沿线构造物作为控制点时，需对控制点的选择严格控制，同时结合构造物的位置和高程，使拟合后的线形尽量与实际情况相符合。

第二，充分考虑原有构造物的使用状况及可再利用情况。

第三，保证行车安全，满足高速公路设计规范。

第四，最大程度地利用现有工程，利用原有高速公路两侧预留土地，减少征地拆迁数量，减少工程占地，降低工程造价。

（二）平面设计方法

高速公路的改扩建不同于新建，其路线的走向已基本成形，所以其平面设计主要内容为平面线形的拟合。

1.技术指标

（1）圆曲线半径。高速公路改扩建时拟建的平面曲线半径需满足设计时速的要求，且在地形条件合适的情况下选用较大的圆曲线半径。圆曲线半径确定时需满足最小半径的要求，如表 2－4：

表 2—4　圆曲线最小半径

设计速度（km/h）	120	100	80	60
极限最小半径（m）	650	400	250	125
一般最小半径（m）	1000	700	400	200
不设超高最小半径（m）	5500	4000	2500	1500

（2）缓和曲线长度。缓和曲线也称为回旋线，通过曲率的逐渐变化，使汽车转向操作的行驶轨迹和路线更加顺畅，以提高道路的驾驶舒适度。缓和曲线已成为高速公路平面线形的主要组成部分。根据《公路工程技术标准》规定，除四级公路可不设回旋曲线外，其他各级公路均需设置缓和曲线，缓和曲线的最小长度见表 2—5：

表 2—5　缓和曲线最小长度

设计速度（km/h）	120	100	80	60	40	30	20
缓和曲线最小长度（m）	100	85	70	50	35	25	20

（3）曲线间直线长度。根据《公路路线设计规范》和《公路工程技术标准》知，高速公路平面线形设计中直线的长度没有明确的规定值，但是《公路路线设计规范》中明确说明高速公路平面线形曲线间直线的长度不宜过长，同时也不宜过短。

2.平面拟合方法

在对改扩建高速公路路线进行拟合时，首先必须获取原有公路平面线形的精确坐标数据。若原有公路的设计文件保存完整，可查阅已有文件获取原有路线的线形资料和构造物桩号；若原有公路设计文件已不完整或不适用，可通过测量或地面数字模型得到散点的坐标数据。然后通过线形拟合，得到改扩建公路平面设计中所需要的参数。

（1）利用散点坐标数据对路线的平面线形进行拟合的理论依据。高速公路路线主要组成部分为直线、圆曲线和缓和曲线三种，下面分别介绍这三种不同线形的拟合方法。

①直线的拟合。若点位（x，y）位于直线段内，则可用 $y=ax+b$ 表示其线形变

化的关系。直线段的拟合采用最小二乘法，通过使误差的平方和最小，得到数据的最佳匹配函数，使拟合函数与观测值达到最佳拟合效果。

根据最小二乘法原理，应使

$$\sum_{i-1}^{n}(y_i-\overline{y}_i)^2=\sum_{i-1}^{n}\left[y_i-(ax_i+b)\right]^2=\text{最小值}$$

得：

$$\begin{cases}a=\dfrac{l_{xy}}{l_{xx}}\\ b=\overline{y}-a\overline{x}\end{cases}$$

式中：$\overline{x}=\dfrac{1}{n}\sum_{i-1}^{n}x_i,\overline{y}=\dfrac{1}{n}\sum_{i-1}^{n}y_i;l_{xx}=\sum_{i-1}^{n}(x_i-\overline{x})^2,l_{xy}=\sum_{i=1}^{n}(x_i-\overline{x})(y_i-\overline{y})$

利用以上公式求得散点所在直线的关系式 $y=ax+b$。

②圆曲线的拟合。若点位（x，y）位于圆曲线内，采用（$(x-a)^2+(y-b)^2=R^2$ 表示其变化关系，同时可表示为 $y^2=a+bx+cx^2$，令 $Y=y^2$，则 $Y=a+bx+cx^2$。系数 a、b、c 满足关系式：

$$\begin{cases}a+b\overline{x}+c\overline{x}^2=\overline{y}\\ a\overline{x}+b\overline{x}^2+c\overline{x}^3=\overline{xy}\\ a\overline{x}^2+b\overline{x}^3+c\overline{x}^4=\overline{x^2y}\end{cases}$$

关系式中：$\overline{x}^k=\dfrac{1}{n}\sum_{i=1}^{n}x_i^k(k=1,2,3,4);\overline{x^ky}=\sum_{i=1}^{n}x_i^ky_i(k=1,2)$。

根据以上关系式可计算出圆曲线所需的圆心和半径。

③缓和曲线的拟合。在公路设计中缓和曲线基本公式为 $RL=A^2$，缓和曲线的拟合计算可近似为：

$$\begin{cases}x\approx l-\dfrac{l^5}{40C^2}\\ y\approx\dfrac{l^3}{6C}-\dfrac{l^7}{336C^3}\end{cases}$$

式中：l 指起点至任意点的弧长。$C=RL$，R 为圆曲线的半径，L 为缓和曲线的长度。

根据以上公式可求出缓和曲线的参数 A，圆曲线的半径 R 可由圆曲线的拟合求出，缓和曲线长度 L 可由划分曲线类型时得到。

根据散点坐标数据和以上几组拟合公式，即可得到改扩建公路中所需的平面设计转点坐标、曲线半径和缓和曲线参数等等，根据这些数据进行下一步的线形拟合。

（2）利用散点坐标数据对路线的平面线形进行拟合的步骤，如下图 2－2。

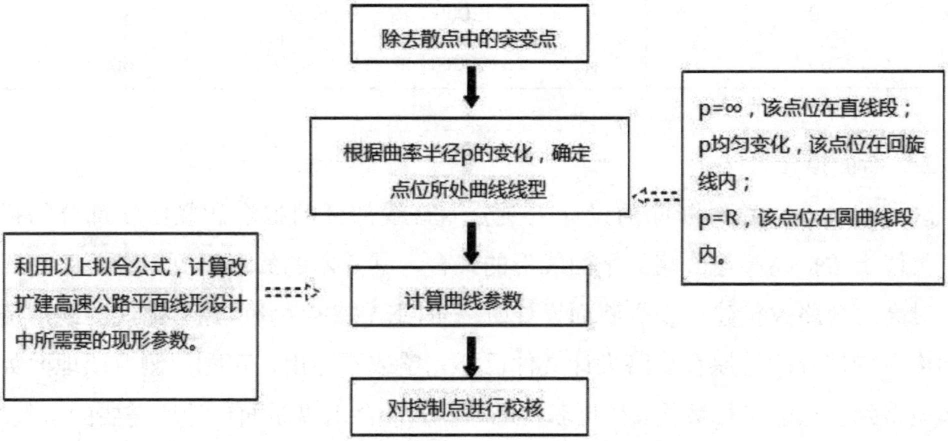

图 2－2　平面线形拟合步骤

（三）纵断面设计方法

在高速公路路线设计中通常是先进行平面线形设计，再进行纵断面的线形设计，且纵断面的设计受到设计时速、公路等级、汽车动力性能、地形地貌、沿线主要构造物及桥梁隧道设计的影响。所以，高速公路改扩建路线纵断面设计时，需将以上各因素考虑在内，并保持设计线形连续均衡。其设计内容主要为纵坡设计和竖曲线的设计。

1.技术指标

（1）纵坡。根据《公路路线设计规范》和《公路工程技术标准》可知，高速公路纵坡的设计需满足最大纵坡坡度、纵坡最小坡长及不同纵坡的最大坡长的要求。

（2）竖曲线半径。当竖曲线太短或者半径太小时，驾驶员在行驶时视觉上会感到不适。所以在高速公路设计速度大于 60 km/ h 时，竖曲线的设计宜采用竖曲线与长直坡的组合设计方案，且竖曲线的半径值最好大于或等于表 2－6 中的竖曲线半径值。

表 2－6　视觉所需的最小竖曲线半径值

设计速度（km/h）	曲线半径（m）	
	凸形	凹形
120	20000	12000
100	16000	10000
80	12000	8000
60	9000	6000

2.纵断面拟合方法

改扩建高速公路纵断面的设计主要分为直线部分的拟合和竖曲线部分的拟合。类似于改扩建高速公路的平面线形的拟合，其基本的线形受到原有公路的约束，对高速公路改扩建路线纵断面设计时需查阅已有文件获取原有路线的线形资料和构造物桩号；若原有公路设计文件已不完整或不适用，可利用测量或地面数字模型得到散点的坐标数据。根据获得的数据，拟合出纵断面设计所需要的参数。下面分别介绍纵断面直线和竖曲线的拟合方法。

（1）直线拟合方法。对纵断面线形中的直线拟合时，其主要内容为：①根据变坡点坐标，利用最小二乘法求出纵断面的回归直线，即初始坡线 $y=ax+b$，式中：x 指初始变坡点桩号；y 指初始变坡点高程；a 指坡段坡率；a、b 均为待定系数。

①由最小二乘法令 $Q=\sum_{i-0}^{n-1}\left[y_i-\left(ax_i+b\right)\right]^2$ 最小，确定待定系数 a、b：

$$\begin{cases} a = \dfrac{n\sum\limits_{i-1}^{n}(H_i \times S_i) - \sum\limits_{i-1}^{n} H_i \sum\limits_{i-1}^{n} S_i}{n\sum\limits_{i-1}^{n} S_i^2 - \left(\sum\limits_{i-1}^{n} S_i\right)^2} \\ b = \dfrac{\sum\limits_{i-1}^{n} H_i - a\sum\limits_{i-1}^{n} S_i}{n} \end{cases} ;i = 1,2,\cdots,n$$

②由一元线性回归，求出各段回归线 $y=a_ix+b_i$，然后得相邻直线的交点坐标：

$$\begin{cases} S_i = \dfrac{b_i - b_{i+1}}{a_{i+1} - a_i} \\ H_i = \dfrac{a_{i+1} \cdot b_i - a_i \cdot b_{i+1}}{a_{i+1} - a_i} \end{cases}$$

（2）竖曲线拟合方法。竖曲线拟合的主要内容为：①求得竖曲线的曲率 k；②求得竖曲线半径初始值 R；③求得变坡点（S_i，H_i）的竖曲线半径 R（i）。

竖曲线的计算模型如图 2－3 所示，i_1、i_2 分别表示相邻两纵坡的坡度，$w=i_2-i_1$ 为其坡度差，当 w＞0 时为凹形竖曲线，反之为凸形竖曲线。

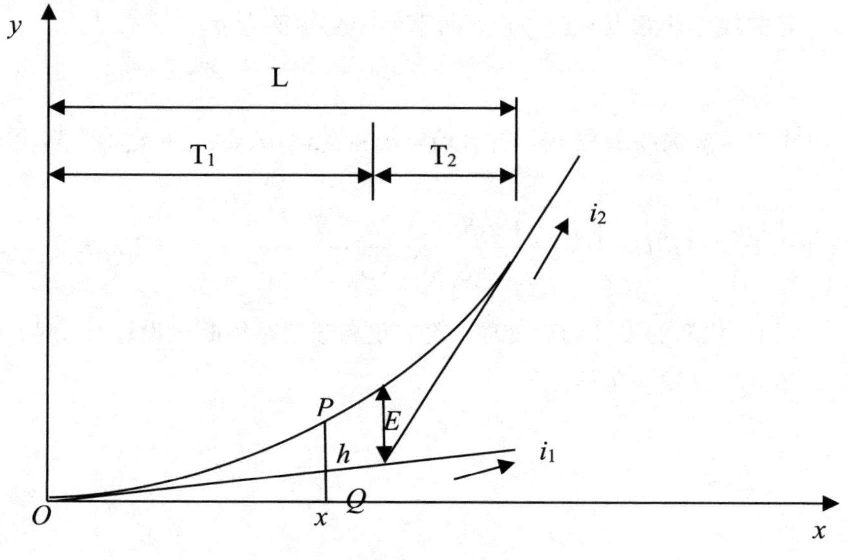

图 2—3　竖曲线拟合示意图

其基本方程式为二次抛物线，即

$$y=\frac{w}{2L}x^2+i_1x \text{ 或 } y=\frac{i}{2R}x^2+i_1x$$

式中：w 指坡差，单位%；L 指竖曲线长度，单位 m；R 指竖曲线半径，单位 m。

竖曲线设计的基本要素为竖曲线长度 L、半径 R、切线长度 T、曲线上任意一点竖距 h、竖曲线外距 E，各要素的计算公式如下：

$$\begin{cases} L=Rw \\ R=\dfrac{L}{w} \\ T=\dfrac{L}{2}=\dfrac{Rw}{2} \\ h=PQ=y_p-y_Q=\dfrac{x^2}{2R}+i_1x-i_1x=\dfrac{x^2}{2R} \\ E=\dfrac{T^2}{2R} \end{cases}$$

拟合竖曲线需尽量连续平滑，所以竖曲线是连续可导的，其曲率 $k=\dfrac{|y''|}{(1+y'^2)^{3/2}}$。

竖曲线上任意点（x，y）处曲率半径初始值为 $R=\dfrac{(1+y'^2)^{3/2}}{|y''|}$。

由拟合竖曲线方程 $y=P_{m-1}(x)=a_0+a_1x+a_2x+\dots+a_{m-1}x^{m-1}$，得变坡点处的竖曲线半径为 $R(i)=\dfrac{\left[1+\left(a_1+a_2S_i+\dots+a_{m-1}S_i^{m-2}\right)^2\right]^{3/2}}{\left|a_2+a_3S_i+\dots+a_{m-1}S_i^{m-3}\right|},i=1,2,\dots,n$。

（3）纵断面设计约束处理。改扩建高速公路纵断面设计时，对其约束处理分为以下几个步骤和条件：

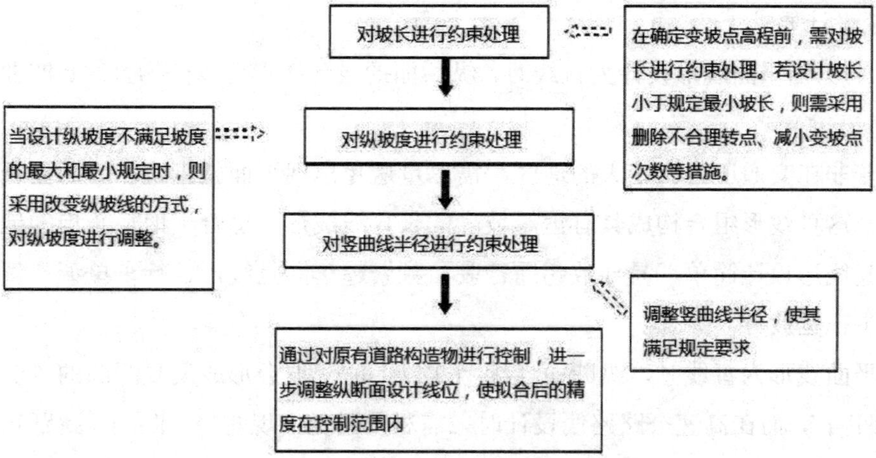

图 2－4　纵断面设计约束处理步骤

（四）平纵面组合设计

高速公路的路线设计最终将是以平、纵组合设计的立体线形呈现，且路线的平纵面组合设计需充分考虑驾驶者的视觉、心理的需求和行驶汽车的运动学、力学性能要求，所以平纵面组合设计不仅需满足平面、纵断面的设计要求，同时也需保证道路的视觉空间连续性、行驶舒适度和安全性。

1.设计原则

高速公路路线的平面、纵断面的组合线形设计需遵循以下基本原则：

（1）保证视觉连续性，使驾驶员在行驶过程中能准确迅速地判断道路线形的变化，做出正确的反应，避免出现错误的判断，以致发生意外。

（2）保证平面纵断面线形的技术指标大小均衡，避免出现平面线形设计采用高标准，纵断面线形设计采用低标准，或与此相反的情况。

（3）保证合成坡度得当，满足排水需求和行车安全。

（4）保证平、纵面线形组合与周围环境相配合，以起到引导驾驶员视线的作用，缓解驾驶员的疲劳和紧张。

2.组合方式

高速公路路线平面和纵断面设计的线形可以归纳为直线和曲线两类，不同的是，纵断面设计的曲线需分为凹形曲线和凸形曲线两类。

3.设计要求

（1）当平面线形设计为直线时，纵断面的设计线形可以分为直线、凹曲线和凸曲线三类。

若非在交通压力比较大的地区，需尽量避免出现平面长直线和纵断面长坡的组合。这种线形组合构成具有恒等坡度的长直线线形，适合于地形平坦的地区，但因其线形设计简单，易导致超速行驶，频繁超车，且线形、行车单调，驾驶员易产生视觉疲劳。

平面线形为直线时，纵断面连续两次以上的变坡会形成反复凹凸的“驼峰”或“凹陷”，而在高速公路路线设计时，需尽量避免出现驼峰、凹陷、跳跃这种既不美观、连续，且会使驾驶员视线中断的线形。所以，当路线有起伏时，应尽量避免采用长直线，合理组合平、纵设计线形。

同时，平纵组合线形应尽量避免出现：直线段内插入短的曲线；在长直线上设置陡坡及半径小、长度短的凹形竖曲线。

（2）当平面设计线形为曲线时，纵断面的设计线形可以分为直线、凹曲线和凸曲线三类。

平面曲线与纵断面竖曲线组合时，需遵循“平包竖”原则，即平面曲线长度应稍长于纵断面的竖曲线长度，且竖曲线的起、终点分别都在圆曲线的两个回旋线内，如平面曲线与竖曲线的各要素应保持平衡、匀称、协调，同时平纵组合线形应满足合成坡度的要求。

平面线形为曲线时，平纵组合线形应尽量避免出现：

①过缓与过急的平面曲线与竖曲线或是过长与过短的平面曲线与竖曲线组合在一起；

②急弯与陡坡的线形组合；

③设计速度≥40 km/h 时，纵断面的凹形竖曲线底部和凸形竖曲线顶部，插入小半径的平面曲线或与反向平面曲线顶点重合；

④纵断面内的小半径竖曲线与平面内的回旋线重合；

⑤通视条件下，长上（下）坡路段的平面线形出现多次转向形成蛇形线形的组合线形。

二、连霍高速洛三灵段改扩建路线优化处理

（一）路线设计基本情况

连霍高速洛三灵段改扩建工程的路线起于洛阳绕城高速公路与连霍高速公路相交处的任庄枢纽互通立交西侧，东接连霍高速公路郑州至洛阳段改扩建项目终点。沿途经过洛阳市、新安县、义马市、观音堂、三门峡、陕县、灵宝，止于灵宝市杨家村（豫陕界），西接连霍高速公路潼关至临潼段改扩建工程。设计路线沿线经过的主要河流有金水河、洪阳河、涧河、青龙涧河、苍龙涧河、老马谢河、弘农涧河、沙河、平阳河、枣乡河、十二里河、双桥河等。设计路线经过的主要公路、铁路有陇海铁路、郑西铁路客运专线、新店铁路、洛玻铁路、渑池—陈村铁路、英—黄铁路，二广高速、宁洛高速、国道 G310、国道 G209 及多条省道。

设计路线的控制点主要有新安互通、渑池服务区、许沟特大桥、义马互通、渑池互通、渑池西停车区、观音堂互通、310 国道、陇海铁路、郑西铁路客运专线、煤矿、吉家河滑坡段、高压输电走廊、三门峡互通、三门峡服务区、三门峡西互通、黄河、黄土原、函谷关景区规划、灵宝互通、西寨大桥、灵宝互通、豫灵互通以及沿线的河流地形。

连霍高速洛三灵段改扩建设计路线以单侧整体式加宽为主，双侧整体式加宽和单侧分离式加宽为辅。

路线平纵面设计中，路线平曲线的最小半径为 1199.912 m，直线的最大长度为 5588.154 m，最大纵坡为 4.95%，最短坡长为 300 m，最小竖曲线为半径，其中凸曲线为 10000 m，凹曲线为 6000 m。

（二）路线的优化处理

连霍高速洛三灵段改扩建路线设计的优化主要针对复杂地形路线的优化处理，长大纵坡属于复杂地形中最常见的一种，但是由于高速公路中长大纵坡的特殊性，将长大纵坡的优化处理单独列出。

1.长大纵坡路线的优化处理

受到车辆制动性能的限制，长大纵坡通常是高速公路的事故频发点，且发生在长大下坡路段的事故多于上坡路段。根据相关文献对事故原因分析可知，高速公路长大纵坡路段的事故中 23%都与重型车辆有关，且由于重型车辆与轻型车辆

之间速度差的增大，追尾事故也高发于普通路段，所以在高速公路路线设计中，应尽量避免长大纵坡，特别是长大下坡这种线形的出现。

（1）1 号位置 K97+930—K101+100 和 2 号位置的 K101+900—K107+250 相距仅 800 m，且均为连续下坡路段，在改扩建路线设计时将此两段长大纵坡合成一部分处理。根据交警路政部门事故统计资料，原有路段北侧为连续下坡路段，是洛三灵段的事故黑点之一。

在改扩建设计路线时，为改变此路段的平纵面线形，拟采用分离式路基，提高平面指标，并以隧道形式穿越 K96+905—K98+885 这段公路的最高地段，这样将很大程度地降低纵坡，有效绕避长大下坡地段。同时，采用北侧分离式加宽方式，原有道路的长大连续下坡改为连续上坡，虽然对道路的通行能力有所影响，但可以有效地减少交通事故。

（2）3 号位置 K149+500—K153+400 在改扩建路线设计时采用北侧整体式加宽方式，其线形类似于原有道路，路段内包含连续纵坡长度为 4.33 km，平均纵坡 3.346%，并且有两段各 600 m，坡度为 5%。

2.其他复杂地形段的路线优化处理

连霍高速洛三灵段地处山岭重丘区，沿线的地形起伏较大，且高速公路的改扩建不同于新建，其路线的设计受到原有道路的影响较大，但可以分析影响原有路线道路性能的不良因素，然后在改扩建的路线设计中尽量避免或降低这种不良因素对道路性能的影响程度。

（1）设计桩号 K43+000—K56+259 义马过境段路线。此段路线原有道路紧监义马市北侧，且在 K43+800—K47+268 处与南侧的 301 国道距离较近。此段地形比较复杂，原有道路 K48+500—K49+300、K50+100—K52+000 段纵坡均达到 4%，属于洛三灵路段的事故黑点之一，且原许沟特大桥两侧为深路堑，此段路线的工程地质为泥质砂岩且原有道路为大填大挖路段，若采用整体式路基加宽方式，需要开挖原有石质边坡，则会影响施工期原有道路的运行安全，且工程量较大。

虽然南侧加宽方案造价略高，但考虑到此段为全线发生交通事故较多的路段，为消除事故黑点，提高道路安全性能，此段路线采用南侧加宽方案。

（2）K111+105—K135+631 三门峡互通至弘农涧河大桥段路线。此段路线与郑西客运专线相交，且设计控制因素较多，主要因素有沿线地形、三门峡慧能电厂、高压输电线走廊、郑西客运专线、三门峡服务区、三门峡西服务区、西贺高庄大桥、火烧阳沟大桥等。

第四节　高速公路主线上跨桥梁改扩建优化

高速公路交通全封闭的特点决定了主线上跨桥梁和通道成为高速公路两侧的唯一联系。依托工程连霍高速公路是我国东西方向最为繁忙的运输通道，所以改扩建时在保证正常施工的情况下，同时必须保证道路畅通。

在高速公路改扩建的过程中必须保证原有高速的通畅，而主线上跨桥梁的改扩建同样也是影响保通的重要因素之一，同时由于依托工程位于山岭重丘区，道路两侧村庄较密，主线上跨桥相对于其他地区建设得更多，所以对改扩建高速公路上跨桥梁的优化研究对于整个改扩建工程也具有十分重要的意义。

一、高速公路主线上跨桥梁改扩建方案决策模型

（一）决策指标

1.旧桥承载能力

在对改扩建高速公路的主线上跨桥梁进行改造时，首先需要对原有上跨桥梁的承载能力进行检测和评定，判断原有上跨桥是否满足改建后承载能力的要求，以便确定是否拆除或加固，以及可能的加固方案。

2.旧桥正常使用性能

为了科学合理地利用旧桥，需要对旧桥的正常使用性能，比如变形、裂缝开裂情况、钢筋锈蚀情况以及外观的完整性等进行检测，分析破损原因，以便确定原有上跨桥梁结构是否满足正常使用要求，以及桥梁的可维修程度、维修方案等。

3.主线的制约性

高速公路改扩建方案分为单侧整体式加宽、单侧分离式加宽和双侧整体式加宽三种。主线改扩建方案的不同对主线上跨桥的改扩建方案影响不可忽视。同时，原有上跨桥梁大多采用斜腿钢构桥、固端梁桥、简支空心板桥、连续梁桥和 T 型刚架桥等几种不同结构，所以在确定高速公路上跨桥梁的改扩建方案时，必须根

据上跨桥原有桥梁结构形式和主线改扩建方案的不同，采取不同的对策，以使上跨桥梁的改扩建方案满足技术上的可行性。

4.旧桥交通状况

高速公路将沿线的所有道路一分为二，高速公路上的主线上跨桥和通道就成了两侧居民出行的必经之路，在主线上跨桥的改扩建方案设计中，必须保证沿线居民的正常出行，将高速公路建设对其影响减到最小，因此，需要对原有上跨桥梁和相邻上跨桥梁所承担的交通量进行调查分析，评估高速公路建设对居民出行的影响程度，以便提出合理的解决方案。

5.经济性

主线上跨桥和通道是高速公路两侧唯一的联系，虽然规模小，但数量居多，如果一概拆除，不但会产生大量的圬工需要处理，费时费力，不利于环保，同时拆除的过程也将对主线的正常运营造成影响。因此，对于所有的主线上跨桥应结合其特点，遵循利用原则，尽量少拆或不拆原有主线上跨桥，选择最经济的改建方案。

（二）层次分析法确定指标权重

根据改扩建高速公路主线上跨桥设计优化不同方案的经济特点，采用 AHP—模糊综合评价模型对各个方案进行评价，选出每个主线上跨桥最合适的改建方案。

1.建立层次结构模型

在主线上跨桥改扩建方案的选择过程中，主要考虑三方面因素：经济合理性、技术可行性和服务水平。主线上跨桥梁的改扩建方案主要有整体拆除、部分拆除接长、只拆不建及老桥不动四种。本书在考虑主线上跨桥改扩建方案模型各类影响因素和决策指标的基础上，建立主线上跨桥改扩建方案的决策模型（如图 2—5 所示），包括目标层 A、准则层 B、分准则层 C 和方案层 O。

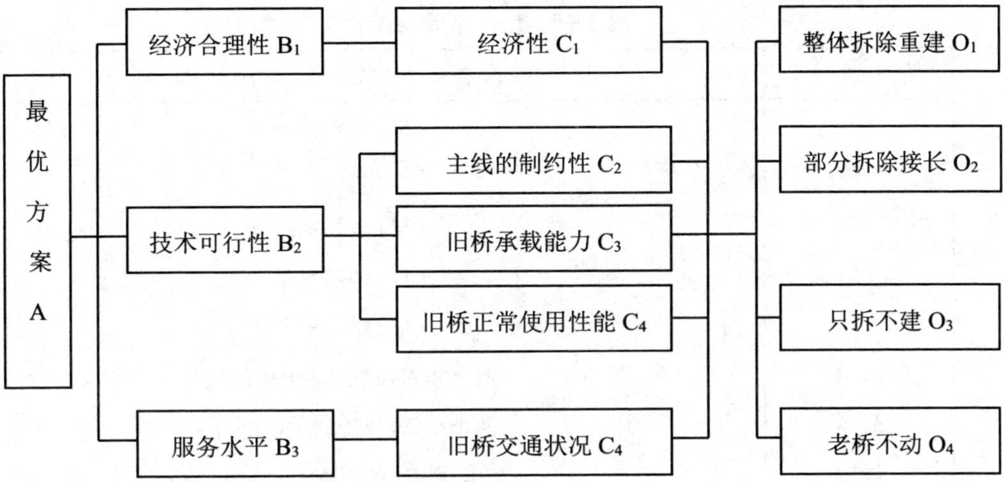

图 2－5　方案选择的层次结构模型

2.建立两两判断矩阵

建立层次结构模型后，上下两层要素间的比较结果采用 1～9 比率标度方法，具体含义见表 2－7：

表 2—7　1～9 比率标度含义

标度	含义（比较因素 i 与 j）
1	i 与 j 同样重要
3	i 与 j 稍微重要
5	i 与 j 较强重要
7	i 与 j 强烈重要
9	i 与 j 绝对重要
2、4	两个相邻判断因素的中间值
6、8	两个相邻判断因素的中间值
倒数	i 与 j 相比的判断为 $a_{ji}=1/a_{ij}$

3.判断矩阵相对权重及一致性检验计算

一般来讲，在层次分析法中计算判断矩阵的最大特征值与特征向量并不需要较高的精度，因此，可以用求根法近似计算判断矩阵的特征值和特征向量。

比如，对判断矩阵 $A=\begin{bmatrix}1.0 & 1/3 & 1.0\\ 3.0 & 1.0 & 3.0\\ 1.0 & 1/3 & 1.0\end{bmatrix}$，用求根法求解权重的过程如下：

首先计算判断矩阵 A 每行元素乘积的 n 次方根 $\overline{w_i}=\sqrt[n]{\prod_{j=1}^{n}a_{ij}},i,j=1,2,L,n$

$$\overline{w_1}=\sqrt[3]{1.0\times1/3\times1.0}=0.6933$$
$$\overline{w_2}=\sqrt[3]{3.0\times1.0\times3.0}=2.0800$$
$$\overline{w_3}=\sqrt[3]{1.0\times1/3\times1.0}=0.6933$$

然后将 $\overline{w_i}$ 归一化，即 $w_i=\dfrac{\overline{w_i}}{\sum_{i=1}^{n}\overline{w_i}}$，得到 $W=\left(w_1,w_2,\cdots,w_n\right)^T$ 为 A 的特征向量的近似值。

$$w_1 = \frac{0.76933}{0.6933+2.0800+0.6933} = 0.2000$$

$$w_2 = \frac{2.0800}{0.6933+2.0800+0.6933} = 0.6000$$

$$w_3 = \frac{0.76933}{0.6933+2.0800+0.6933} = 0.2000$$

整理得，判断矩阵 A 的特征向量为 $W=[0.2000，0.6000，0.2000]^T$。

特征向量 W 对应的最大特征值 $\lambda_{\max} = \frac{1}{n}\sum\left(\frac{(AW)_i}{w_i}\right)$

$$AW = \begin{bmatrix} 1.0 & 1/3 & 1.0 \\ 3.0 & 1.0 & 3.0 \\ 1.0 & 1/3 & 1.0 \end{bmatrix} [0.2000, 0.6000, 0.2000]^T = \begin{bmatrix} 0.60 \\ 1.80 \\ 0.60 \end{bmatrix}$$

所以 $\lambda_{\max} = \frac{1}{n}\sum_i\left(\frac{(AW)_i}{w_i}\right) = \frac{1}{3}\left(\frac{0.60}{0.20}+\frac{1.80}{0.60}+\frac{0.60}{0.20}\right) = 3$

实际评价中，评价者只能对 A 进行粗略判断，这样有时会犯不一致的错误。如已判断 C1 比 C2 重要，C2 比 C3 较重要，那么，C1 应该比 C3 更重要。如果又判断 C1 比 C3 较重要或同等重要，这就犯了逻辑错误。为了避免此类错误的发生，这就需要进行一致性检验。

对于两阶以上的判断矩阵需要计算其一致性指标并判断其是否具有一致性。

根据层次分析法原理，利用矩阵 A 的理论最大特征值 $\lambda_{\max}$ 与 n 之差检验一致性。一致性指标：

$$CI = \frac{\lambda_{\max} - n}{n-1}, CR = \frac{CI}{RI}$$

计算得 $CI = \frac{3-3}{3-1} = 0 < 0.1$，$CR = \frac{0}{0.58} = 0 < 0.1$，同阶平均随机一致性指标见表 2－8。一般认为 CI＜0.1，CR＜0.1 时，判断矩阵的一致性可以接受，否则需要重新两两进行比较。

表 2－8　平均随机一致性指标

阶数	3	4	5	6	7	8	9	10	11	12	13	14
RI	0.58	0.89	1.12	1.26	1.36	1.41	1.46	1.49	1.52	1.54	1.56	1.58

综上得，判断矩阵 A 的特征值，特征向量和一致性检验结果为：

W=[0.2000，0.6000，0.2000]^T；λ_{max}=3；CI=0；RI=0.58；CR=0。

判断矩阵 B_1－C，不需要计算特征根、特征向量与一致性。

W=[1.000]^T；$\lambda_{\max}$=1；CI=0；RI=0；CR=0。

判断矩阵 B_2－C 的特征根、特征向量和一致性检验的求解类似于矩阵 A 的计算过程，矩阵 B_2-C 的特征根、特征向量与一致性检验如下：

W=[0.2000，0.4000，0.4000]^T；λ_{max}=3；CI=0；RI=0.58；CR=0。

判断矩阵 B_3-C 不需要计算特征根、特征向量与一致性。

W=[1.000]^T；λ_{max}=1；CI=0；RI=0；CR=0。

4.合成权重及总排序一致性计算

对各判断矩阵进行计算获得特征向量后，便可计算合成权重，显然 $\sum_{i-1}^{n}\sum_{j-1}^{m}b_j c_i^j=1$，即层次总排序是归一化的正规向量。

则分准层综合目标向量为 W=[0.20，0.12，0.24，0.24，0.20]。

层次总排序也需进行一致性检验，为此，需要计算以下指标：

$$CI=\sum_{j-1}^{n}b_j RI_j=0.2\times 0+0.6\times 0.58+0.2\times 0=0.348$$

$$CR=CI/RI=0$$

由于 $CR<0.1$，认为层次总排序的计算结果具有令人满意的一致性。

（三）模糊综合评价法

模糊综合评价法是通过模糊数学和模糊统计的方法，在考虑各个影响因素的条件下，对该事物的优劣做出综合评价。

1.模糊综合评价的基本方法和步骤

（1）根据项目实际情况确定评价的对象集、评价的因素和评价的决断集。评

价的对象集 O= {o_1，o_2，…，o_n}，一般为项目所确定的不同方案的集合；评价因素集 U= {u_1，u_2，…，u_n}，是以影响评判对象的各种因素为元素的一个集合；评价的决断集 V= {v_1，v_2，…，v_m}，即评语集，是评判者对评判对象可能做出的各种评价的评价结果的集合。

（2）对评价因素集中的各个影响因素赋权值，建立权值集 A= {a_1，a_2，…，a_n}。

（3）确定隶属关系，建立评判矩阵 R。

$$\mathrm{R}=\begin{bmatrix}\mathrm{R}_1\\\mathrm{R}_2\\\cdots\\\mathrm{R}_\mathrm{n}\end{bmatrix}=\begin{bmatrix}r_{11}&r_{12}&\cdots&r_{1m}\\r_{21}&r_{22}&\cdots&r_{2m}\\\cdots&\cdots&\cdots&\cdots\\r_{n1}&r_{n2}&\cdots&r_{nm}\end{bmatrix}$$

（4）把单个因素的模糊评判矩阵与各个因素的权重集进行模糊运算，可得到模糊综合评判指标：

$$B=A\cdot R=\left[a_1,a_2,\cdots,a_n\right]\begin{bmatrix}r_{11}&r_{12}&\cdots&r_{1m}\\r_{21}&r_{22}&\cdots&r_{2m}\\\cdots&\cdots&\cdots&\cdots\\r_{n1}&r_{n2}&\cdots&r_{nm}\end{bmatrix}=\left[b_1,b_2,\cdots,b_m\right]$$

（5）求得每个评价对象的综合分值。对决断几种不同的评语 v_j，规定各自不同的权重 w_i，得到向量 $W=\left[w_1,w_2,\cdots,w_m\right]$，令

$$C=B\cdot W^T=[b_1,b_2,\cdots,b_m]\begin{bmatrix}w_1\\w_2\\\cdots\\w_m\end{bmatrix}$$

即为对该方案的评价结果。

2.主线上跨桥梁改扩建方案的模糊综合决策模型的建立

决策的目的就是对高速公路改扩建过程中主线上跨桥梁的整体拆除、部分拆除接长、只拆不建、老桥不动四种方案进行评价选择。

评价对象集：O=（整体拆除，部分拆除接长，只拆不建，老桥不动）

评价因素集：$U=\left(B_1,B_2,B_3\right);u_1=\left(C_1\right);u_2=\left(C_2,C_3,C_4\right);u_3=\left(C_5\right)$

（1）确定各项指标的权重。各指标权重已由层次分析法得到 A=（0.20，0.12，0.24，0.24，0.20）。

（2）设评语集 V=（优，良，中，差），并赋值 W=（95，85，75，50）。

（3）结合项目实际情况，对上述 4 个主线上跨桥梁的改扩建方案的各个技术经济指标进行定性与定量的分析和比较。

（4）建立评价矩阵 R。按照项目中相关资料，对各个方案各项指标进行评价，并对评价结果进行归一化处理，得到模糊判断矩阵。

（5）进行模糊综合评价。根据公式$B = A \cdot R$，计算各方案的模糊评判结果。根据评语集 W=（95，85，75，50）和评判公式$C = B \cdot W^T$，计算得到各个评价方案的评判值，比较各方案的评判值，选择最优改扩建方案。

第五节　高速公路改扩建工程精细化管理

在工程项目的实施过程中，对工期进行有效的控制，使其顺利达到预定目标，是工程项目管理的中心任务之一。项目进度控制工作的好坏不仅影响工程质量，而且直接影响到项目的经济效益和发展前景。编制合理的工期计划，尤其是在施工中对进度计划进行动态控制，是保证工程质量按期或提前发挥经济效益和社会效益的决定性因素。在具体实践当中，工期控制受到诸多内外因素的影响，对这些因素进行全面的调查、研究和分析，并结合合理的理论系统，将进度控制的相关理论有效地应用到工程建设当中，可以很好地指导工程进度的实施，保证工程工期和质量。因此，提出基于博弈理论的工期与质量协调控制、基于模糊 DEA 的高速公路改扩建施工工期优化系统和基于关键链的高速公路改扩建工程工期无缝控制等方法，对高速公路改扩建工程工期进行系统管理，并为以后的公路改扩建工期管理提供合理依据。

一、高速公路改扩建工期特点及关键影响因素

（一）高速公路改扩建工程特点

高速公路改扩建工程既有新建高速公路的特征，也有改扩建工程的特点。以下是不同于新建高速公路工程的主要特点分析。

1.工程技术复杂

高速公路改扩建工程技术要比新建高速公路工程复杂，存在如何减少和限制新路基的沉降和位移，避免新老路基和路面不均匀下沉等技术难题。解决这些问题需要时间和资金，这样势必会影响施工进度，造成工期紧张。

2.工期紧，任务重，成本高

高速公路改扩建工期的另一个显著特点是工期紧，任务重，单位工程量施工需投入的物力、人力、财力多，加大了施工和管理成本。

高速公路施工工期紧张在全国范围内是一种普遍现象，这一问题在高速公路改扩建工程中表现得更加明显。改扩建的高速公路往往是所在区域的运输干道和交通骨架，交通量大，掌握着城市发展的经济命脉，若施工时间过长，将会对城市发展、社会稳定产生重大影响，也会给市民的出行带来很大不便。因此，要在能保证施工质量的情况下，尽量缩短工期。

3.质量要求高，施工规模大

高速公路改扩建工程质量要求要比新建高速公路工程高，且点多面广，通常都是左右幅同时开工建设，施工规模加大，增加了施工和管理的难度，造成施工进度减慢，影响工期。

4.施工情况复杂，不定因素多

实际施工情况复杂，施工过程中遇到的不定因素比新建高速公路工程中遇到的多，在处理这些问题时需要时间，会对工期造成影响。

5.边施工边放行交通，受行车干扰

拟改扩建的高速公路往往交通量较大，一旦实施全封闭施工方法中断交通，将会给沿线的国、省道带来巨大的交通压力，甚至会导致交通瘫痪，给社会效益和经济效益带来巨大的影响。

（二）高速公路改扩建工期的关键影响因素

由于高速公路改扩建工程建设项目规模大、工期长、结构复杂，在实施过程中必然存在许多不确定因素。对于高速公路改扩建工期控制的关键影响因素，一般存在人为因素、技术因素、材料和设备因素、机具因素、资金因素、气候因素、环境因素等等。研究工期影响因素对于及时、妥善处理好工期控制问题，对减少工程质量风险以及提高投资效益具有重要意义。本书对工期影响因素进行系统分析，具体分析如下：

1.施工三方的协调度影响因素

业主、施工单位、监理单位、地方政府等多个单位参加工程建设的工作不协调是影响工期的最重要因素。

2.技术因素

施工技术的保证对工程进度有直接的影响，高速公路改扩建工程施工难度比新建高速公路施工难度更大，技术更复杂，需要认真研究施工图纸，对现场深入调查，制订合理的施工方案。高速公路改扩建工程中常见的技术问题主要包括高速公路改扩建工程的路基加宽技术、高速公路改扩建工程的路面拼接技术、高速公路改扩建工程的桥梁拼接技术、路面排水工程等。

3.施工设备、材料、机具因素

施工设备材料、机具也是影响工期的一个关键因素，工程施工过程中常会出现技术人员及管理人员缺乏，材料、设备、劳动力供应紧张等情况影响施工进度。因此，需要对施工设备、材料做出合理规划。

4.资金因素

施工前必须做好投资预算和资金筹措准备工作，确保工程的顺利进行，避免出现因资金不足而停工的情况，耽误工期。因此，需要做好充足的资金准备，确定切实可行的融资解决方案。

5.交通组织因素

交通组织是影响高速公路改扩建工期的一个重要因素。采取合理的交通组织方案，可以保证交通安全，从而保障施工的正常进行。通常情况下，考虑区域的经济效益和社会效益，往往采取边施工边通车的扩建方式。通车和施工同时进行，相互干扰，势必会影响施工的正常进行，耽误工期。

6.自然、环境因素

工程施工一般都在露天进行，受天然的因素（如气温）影响很多；环境条件的变化，如不利的施工条件不仅对工程实施过程造成干扰，有时还直接要求调整原来已确定的计划；发生不可抗力事件，如地震、台风、动乱、战争等也是一个重要的影响因素。

7.其他因素

其他因素主要包括社会风俗影响、征地拆迁及地方干扰的影响、审批问题、对设计与施工中遇到的现实问题开展科研与试验，以及施工过程中产生的争议、矛盾、索赔等。这些既需要时间，也需要资金。

（三）津滨高速公路改扩建工期特点

津滨高速公路是天津中心城区与滨海新区核心区之间主要的快速通道，现状为双向四车道，设计速度为 120 km/h。但随着滨海新区的快速发展和津滨高速公路沿线的土地的开发，津滨高速公路的交通压力越来越大，导致单向高峰小时交通量已接近 4000 pcu/h，基本达到饱和，早、晚高峰潮汐现象明显，收费站处拥堵尤为严重。为加快滨海新区的开发开放，保证中心城区和滨海新区高速联系的可靠性和时效性，需对原津滨高速公路进行改扩建。津滨高速改扩建后：外环线—空港南出口（约 7.5 km）为双向八车道，空港南出口—胡家园立交（约 21 km）为双向六车道。津滨高速改扩建工程难点主要有以下几点：

（1）经验少：属天津市首次大规模高速公路拓宽改造工程，可循经验较少；

（2）交通组织难：现状高速公路交通流量大，但原则上要求不中断交通，因此施工期间交通组织、导行工作难度高、工作量大；

（3）实施难：原则上要求少征地，尽量不破坏绿化带，造成施工期间工作面狭小，大型施工设备、机械难以展开工作；

（4）技术高：存在软土地基沉降差异控制、新、旧结构、路面拼接处理等技术难题；

（5）工期紧：总工期为 20 个月。

二、基于博弈理论的工期与质量协调控制

（一）改扩建项目工期与质量的博弈

一般对高速公路建设项目的管理，主要是研究工期、质量和成本三者之间的关系。对于改扩建工程来说，考虑其长远经济与社会效益，与工程成本相比，工期控制和质量控制更为重要，任何项目都希望工期越短越好，质量越高越好，因此工期和质量间存在着严重的矛盾。目前国内的方法大都是研究工期、质量和费用三者之间的关系，而对于工期和质量之间的关系研究很少，对工期、质量和成本研究采用的评价方法如加权系数法、效用理论、遗传算法等均需要确定权重，而对于改扩建工程项目而言，工期、质量和成本的合理组合是难以用无实际物理意义的权重系数来确定的。

（二）工期控制与质量控制相互作用机理研究

工程项目的工期和质量目标之间的关系是对立统一的。第一，工期和质量目标之间存在对立面，表现为业主如果要求工程质量比较高时，就需要花费较多的建设时间和较多的资金投入，工期就比较长；如果业主赶进度完成工程目标，把工期目标看得很重，其相应的质量要求就会有所下降。第二，工期和质量目标之间又是统一的关系，主要表现为：假若工程的工期计划制定的合理可行，工程进展连续且均衡，这样不但可以缩短工期，而且还可以获得较好的工程质量和较低的工程成本。适当提高工程项目的质量标准，虽然可能会造成工期的延长，但是却能够减少返工和重修的发生，为工程施工争取了一定的时间。

对一个工程项目而言，合理的工期对应合格的质量，不合理的工期就会影响质量。如果片面地强调某一方面，就会导致另一方面难以得到保证，过度缩短工期，就会造成工人疲劳、机械频繁维修、材料供应紧张，施工条件发生变化可能会影响到质量，随着质量的降低就会产生各种质量问题，造成返工率增加，这样会适得其反；如果是希望通过延长工期而提高工程质量，在合适质量与最优质量范围内是有效的，但超出这个范围对质量的影响不大，只会造成成本的增加。因此，合理的进度安排，既可以保证工程的按时完工，同时也可以保证质量，依据工期定额、综合资金利用效果、资源条件、项目组成、功能要求及技术复杂性等方面进行综合分析来确定建设工期，才可以保持建设工期与质量目标的协调统一。

工期和质量关系如图 8－6 所示：

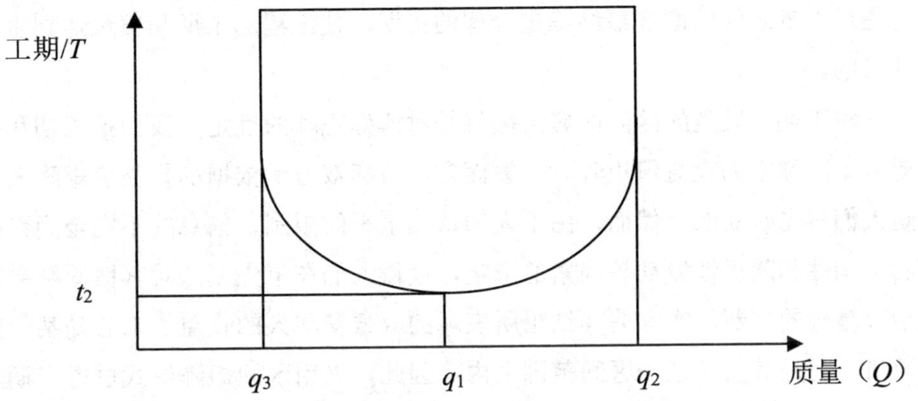

图 2－6　工期—质量关系图

图 2－6 明，质量要求增加时，工期会有所延长，但是当工期延长到一定的区域时，再增加工期对质量的影响不大；当质量要求较低时，工程实际中的潜在质量问题会增加，这样就会造成频繁的返工现象，从而造成工期的增加。综上所述，工期太短或太长，质量都难以得到保证。只有在合理的工期下，工程项目的质量才能做到良好的控制。

（三）基于区间博弈的工期质量协调控制模型

1.区间博弈概述

博弈论的基本概念包括参与人、策略、信息、结果等，下面对上述几个概念进行详细的分析。

（1）参与人也被称为局中人或博弈方，是指博弈中能独立决策、独立行动的并承担决策结果的个人或者组织。在改扩建项目的工期和质量博弈中，我们假定两个虚拟的参与人甲和乙，分别负责工期和质量，二者作为博弈的参与人进行博弈。

（2）策略是指各博弈方可以选择的行动方案，也被称为战略。在工期和质量的博弈过程中，我们采用区间矩阵的形式进行战略的分析。

（3）信息是指参与人掌握的有关博弈的知识，包括参与人的特征、参与人的行动规则（战略）等方面。根据每个参与人是否都知道所有参与人在各种对局下的得失，分为完全信息博弈和不完全信息博弈。工期和质量的博弈属于不完全信息博弈。

（4）结果是指博弈最终产生的结果，对于改扩建项目的工期和质量来说，正是通过二者之间的博弈最终确定合理的工期，使工程的工期和质量达到协调控制的目的。

对工期和质量的区间博弈关键就是对博弈矩阵的确定，我们把工期和质量的博弈矩阵称之为收益值矩阵。一般而言，博弈双方所依据的收益值矩阵大部分都是人们事先判断的。然而，由于人的认知水平的限制、信息的不完全因素、系统的结构性和随机性波动等因素的影响，使得人们在事先无法对其博弈结果值做出十分精确的判断，实际博弈结果所表现的双方参与人的收益值未必是某一具体的数值，而是其值在某一区间范围之内。因此，采用区间矩阵形式进行工期与质量间的博弈，称为区间博弈。

2.区间博弈模型的建立

对于不能使用精确的数值来表示工期和质量各策略的博弈值的，我们采用区间数的形式来表示。我们把由这样的区间数所构成的博弈收益值矩阵称为区间收益矩阵 $A(\otimes)$，进而我们把由这种区间收益值矩阵所决定的工期、质量之间的博弈问题称之为区间矩阵博弈问题，记为 $G(\otimes)=\{S_1,S_2,A(\otimes)\}$，其中 $S_1=\{a_1,a_2,\cdots,a_m\}$ 为工期甲的策略集，$S_2=\{\beta_1,\beta_2,\cdots,\beta_m\}$ 为质量乙的策略集，$A(\otimes)$ 为甲乙事先判断的用区间数表示的区间收益值矩阵。

$$A(\otimes)=\begin{vmatrix} [a_{11},b_{11}] & [a_{12},b_{12}] & \cdots & [a_{1m},b_{1m}] \\ [a_{21},b_{21}] & [a_{22},b_{22}] & \cdots & [a_{2m},b_{2m}] \\ \vdots & \vdots & \vdots & \vdots \\ [a_{m1},b_{m1}] & [a_{m2},b_{m2}] & \cdots & [a_{mm},b_{mm}] \end{vmatrix}$$

现实中经常遇到的区间收益值矩阵 $A(\otimes)$ 中的区间元素的大小关系不能够直接区分，我们把这类 $A(\otimes)$ 称为非标准区间收益值矩阵。要求出博弈矩阵的最优策略解，必须了解下面的概念：

（1）区间数优势、劣势与均势关系的判定。假设工期和质量的区间收益值矩阵中的任意两个数为 $\otimes_{ij}$ 和 $\otimes_{st}$，其中 $\otimes\in[a_{ij},b_{ij}]$，$\otimes_{st}\in[a_{st},b_{st}]$，且 $b_{st}\geq b_{ij}\geq a_{st}$，依据这两个数的端点值在数轴上的位置，将它们的并集区域

$\otimes_{ij} \cup \otimes_{st}$ 区域。有如下几点定义：

①这两个区间数之间的交集区域（包括边界点）为均势区域。

$$EPD_{ij\to st}=\frac{b_{ij}-a_{ij}}{b_{ij}-a_{ij}}$$

式中：

$EPD_{ij\to st}$ 为数 $\otimes_{ij}$ 相对于数 $\otimes_{st}$ 的均势度，且 $EPD_{ij\to st}\geq 0$。

同理：

$$EPD_{st\to ij}=\frac{b_{ij}-a_{st}}{b_{st}-a_{st}}$$

$EPD_{st\to ij}$ 为数 $\otimes_{st}$ 相对于 $\otimes_{ij}$ 的均势度，且 $EPD_{st\to ij}\geq 0$。

②数轴上被这两个数端点所分割的位于交集区域右侧的区域 $(b_{ij},b_{st}]$ 为某一区间数 $[a_{st},b_{st}]$ 相对于另一区间数 $[a_{ij},b_{ij}]$ 的优势区域。

$$SPD_{st\to ij}=\frac{b_{st}-b_{ij}}{b_{st}-a_{st}}$$

式中：

$SPD_{st\to ij}$ 为区间数 $\otimes_{st}$ 相对于 $\otimes_{ij}$ 的优势度，且 $SPD_{st\to ij}\geq 0$。

③数轴上被这两个数端点所分割的位于交集区域左侧的区域 $(a_{ij},a_{st}]$ 为某一区间数 $[a_{ij},b_{ij}]$ 相对于另一区间数 $[a_{st},b_{st}]$ 的劣势区域。

$$IPD_{ij\to st}=\frac{a_{st}-a_{ij}}{b_{ij}-a_{ij}}$$

式中：

为区间数 $\otimes_{ij}$ 相对于 $\otimes_{st}$ 的劣势度，且 $IPD_{ij\to st}\leq 0$。

对于任给的两个区间数$\otimes_{ij}$和$\otimes_{st}$来说，其中一个数相对于另一个数的均势、优势与劣势度绝对值之和为 1，即

$$\left|EDP_{ij\to st}\right|+\left|SDP_{ij\to st}\right|+\left|IDP_{ij\to st}\right|=1$$
$$\left|EDP_{st\to ij}\right|+\left|SDP_{st\to ij}\right|+\left|IDP_{st\to ij}\right|=1$$

对于任给的两区间数，我们把其中一个区间数相对于另一个区间数的优势度与劣势度之和称为该区间数相对于另一区间数的势差，简称为势。若势差为正，则我们称其为正势，把相应的区间数称为优势区间数；若势差为负，则我们称其为劣势，把相应的区间数称为劣势区间数；若势差为零，则我们称其为等势，把两区间数称为等势区间数，即：

①若$SDP_{ij\to st}+IDP_{ij\to st}>0$，则称$\otimes_{ij}$相对于$\otimes_{st}$存在着正势，$\otimes_{ij}$是优势区间数，$\otimes_{st}$是劣势区间数，记为：$\otimes_{ij}>\otimes_{st}$；

②若$SDP_{ij\to st}+IDP_{ij\to st}<0$，则称$\otimes_{ij}$相对于$\otimes_{st}$存在着劣势；$\otimes_{ij}$是劣势区间数，$\otimes_{st}$是优势区间数，记为：$\otimes_{ij}<\otimes_{st}$；

③若$SDP_{ij\to st}+IDP_{ij\to st}=0$，则称$\otimes_{ij}$与$\otimes_{st}$为等势；$\otimes_{ij}$与$\otimes_{st}$是等势区间数，记为：$\otimes_{ij}=\otimes_{st}$。

这样我们就可以对工期和质量的博弈矩阵函数$G(\otimes)=\{S_1,S_2,A(\otimes)\}$中数$A(\otimes)$势的大小进行判定，从而为我们求$G(\otimes)$势的最优策略解提供方便。

（2）最优策略解。工期和质量的博弈最终目的就是保证工程质量的前提下完成工期的合理时间，从而达到工期和质量的协调控制。通过博弈矩阵求解最优策略值也就是确定工期和质量的最优方案，下面给出求最优策略解的定义：

给定工期和质量的区间矩阵博弈$G(\otimes)=\{S_1,S_2,A(\otimes)\}$，其中$S_1=\{a_1,a_2,\cdots,a_m\}$为工期甲的策略集，$S_2=\{\beta_1,\beta_2,\cdots,\beta_m\}$为质量乙的策略集，

$A(\otimes)=([a_{ij},b_{ij}])_{mxn}$ 为甲乙事先判断的博弈矩阵中的某区间数，其大小不能直接比较。如果在上述势大小的判断下，存在某一策略 α_i^* 和 β_i^* 构成的局势 (α_i^*,β_i^*) 使得如下的式子成立，就称 (α_i^*,β_i^*) 为 $G(\otimes)=\{S_1,S_2,A(\otimes)\}$ 的最优解。α_i^* 和 β_i^* 分别称为工期甲和质量乙的最优策略解。

$$[a_{ij^*},b_{ij^*}]\le[a_{i^*j^*},b_{i^*j^*}](i=1,2,\cdots,m;j=1,2,\cdots,n)$$

或者表示为：

$$\max_i \quad \min_j[a_{ij},b_{ij}]=\min_j \quad \max_i[a_{ij},b_{ij}]$$

三、基于模糊 DEA 的高速公路改扩建施工工期优化系统研究

第二节采用区间博弈理论就工期与质量之间协调控制进行了研究，最终可获得工期的合理区间；通过分析高速公路改扩建工期影响因素的构成，基于现有的评价方法，例如层次分析法、加权系数法等都需要确定多重权重，得出的数据不够精确。针对这一问题，提出模糊重构优化 DEA 的优化评价模型，其具有涉及的权重问题少且不必确定输入输出之间关系的显示表达式等优点。通过构建 DEA 模型来对方案进行优化，最后对改扩建施工工期优化体系进行了实例分析，从而为高速公路改扩建工期优化的实施提供了依据。

（一）高速公路改扩建工期影响因素指标体系的构成

评价指标体系的建立是系统综合评价方法的应用基础，也是综合评价的关键工作之一。指标体系的选择关系到综合评价的结论，因此建立一个能客观、全面地描述系统特征的综合评价指标体系是科学评价的前提。

项目评价指标是评价项目的尺度，不同类型的评价项目需要用不同的评价指标来评价；同类项目评价目的不同，所用评价指标也不尽相同。为了分析研究高速公路改扩建工期的影响因素以达到科学性、规范性和可参照性，其指标的建立应该遵循整体性原则、一致性原则、简明性原则等。

（二）基于模糊 DEA 方法的改扩建工程工期评价

1.模糊评价指标集的建立

（1）确定评语集。本书采用的评语指标见表 2—9：

表 2—9 评语指标值

评语	优	良	中	次	差
分值	90～100	80～90	60～80	50～60	0～50

（2）因素集的确定。文中 $U=\{U_1, U_2, U_3, U_4\}$={施工技术的可靠性，施工工期的保证性，工程提前完成带来的效益，工程总投资}。

$U_1=\{u_{11}, u_{12}, u_{13}\}$={技术能力，操作熟练程度，工艺水平}；

$U_2=\{u_{21}, u_{22}, u_{23}, u_{24}, u_{25}\}$={材料供应情况，资金到位情况，人文因素，设计变更，自然灾害}；

$U_3=\{u_{31}, u_{32}\}$={直接效益，间接效益}。

（3）权重集的确定。

（4）模糊矩阵的建立。建立从 U 到 V 的模糊关系 R，对单因素进行评价，让每位专家对第 j 方案的第 i 个因素进行评估，然后再计算 r_{ij}：

$$r_{ij}=\frac{N_{ij}}{\sum N}$$

其中，r_{ij} 表示第 j 方案的第 i 因素相应的权重；N_{ij} 表示把第 j 方案的第 i 因素视为同一风险层次的专家人数；$\sum N$ 表示专家的总数。

由公式得出模糊关系矩阵 R_i：

$$R_i=\omega_i\cdot\begin{vmatrix} r_{11} & r_{12} & \cdots & r_{1j} \\ r_{21} & r_{22} & \cdots & r_{2j} \\ \cdots & \cdots & \cdots & \cdots \\ r_{i1} & r_{i2} & \cdots & r_{ij} \end{vmatrix}$$

最终评价结果为：

$$W_i=R_i\cdot V^T$$

2.模糊 DEA 模型的建立在前面已有述及，在此不再详述。

四、基于关键链的高速公路改扩建工程工期无缝控制

（一）关键链的提出

在工期控制中，影响工期最重要的是资源分配问题，资源约束型工期不确定项目进度计划问题是一种比较复杂的组合优化问题。关键路径法仅仅是工序约束条件下的时间优化方法，现有的求解方法主要是动态规划、整数规划和基于优化规则的启示方法；也有一些学者运用遗传算法等软件方法进行计算求解。然而，这些方法都过于保守，会使偏差不断积累，不利于项目进度控制。而关键链法不仅考虑了工作的执行时间和工作间紧前关系约束，而且考虑了工作间的资源冲突。在高速公路改扩建工程施工场地狭小、场地受限、资源冲突、工期紧迫等情况下，采用关键链法进行工期无缝控制，对于保证改扩建工程按时、按质、按量完成具有重要意义。

关键链较关键路径具有以下优点：①比较容易保证项目的稳定性；②考虑了工作的逻辑关系和资源的有限性，通过寻找制约因素来解决延误问题；③注重项目的整体目标；④考虑了人的因素对项目的影响；⑤关注对缓冲区的管理。

（二）基于关键链的高速公路改扩建工程工期无缝控制体系

利用关键链理论进行高速公路改扩建工程工期无缝控制，其重点是保证改扩建工程的整体优化，在不考虑资源对项目计划的影响下，将关键链作为理论基础。

1.灰色理论工期估计

在灰色理论中，灰是介于白与黑之间的一种概念。白是指数据完整和信息确定的系统；黑是指数据很少和信息不确定的系统。相对于黑和白来说，灰是指数据一部分完整，一部分不完整，信息一部分确定，一部分不确定的系统。高速公路改扩建工程工期估计就是工期无缝控制的重点，其数据比较少，利用白化函数 $F_{\Lambda}(t)$ 表示，改扩建工程各工序的估算工期用分段区间 $\Lambda=(m,n,p,q)$ 来表示，如图 2－7 所示。

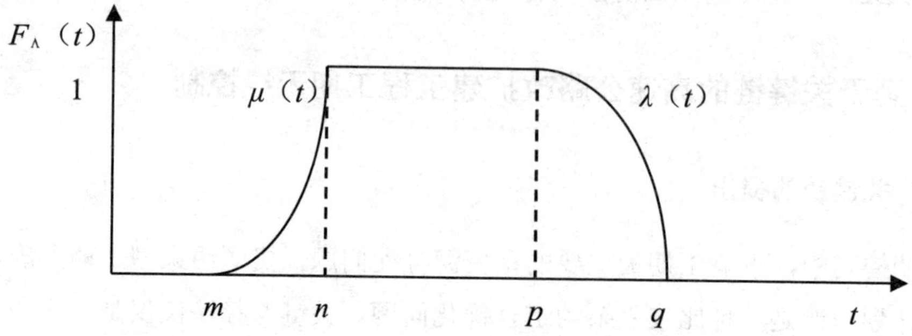

图 2—7　白化权函数

图 2—7 即为白化权函数，其中 $F_\Lambda(t)$ 分为三段区间函数，$\lambda(t)$ 为非线性函数，$\mu(t)$ 为指数函数，$[n, p]$ 为最可能区间，其隶属度为 1；m 表示某工序持续的最短时间值；t 由工期估计值决定，它是 $F_\Lambda(t)$ 的起点；p 表示工序在最可能执行时间内的最大估计值；n 为某工序最可能执行时间的最小估计值；q 表示工序的最长工期估计值。公式如下所示：

$$F_\Lambda(t)=\begin{cases}\mu(t), t\in[m,n)\\ 1, t\in[n,p)\\ \lambda(t), t\in(p,q]\end{cases}$$

经过合理变形的公式如下所示：

$$F_\Lambda(t)=\begin{cases}\mu(t)=\dfrac{t-m}{n-m}, t\in[m,n)\\ 1, t\in[n,p)\\ \lambda(t)=\dfrac{q-t}{q-p}, t\in(p,q]\end{cases}$$

由已知公式我们可以算出工序 i（i=1…n）的期望工期 E（i）为：

$$E(i)=\frac{\int_m^q F_\Lambda(t)tdt}{\int_m^q F_\Lambda(t)dt}$$

依据变形后的线性函数，当 4 个工期估计值和白化权数 $F_{\Lambda}(t)$ 位置已知的情况下，得到期望工期的计算公式如下：

$$E(i)=\frac{2m_i+n_i+p_i+q_i}{6}$$

2.多余任务安全时间消除

本次采用基于 $\beta(a,b,r,s)$ 分布的最乐观值法分析。假设工期服从 $\beta(a,b,r,s)$ 分布，最乐观值为 a，最悲观值为 c，最可能值为 b，则期望工期值为：

$$m=\frac{a+4b+c}{6}$$

这种期望工期值包含一定的安全时间。我们引入任务消除量来消除这种安全时间，其安全时间消除量为：

$$\Delta=m-a$$

即在考虑任务服从 $\beta(a,b,r,s)$ 分布的前提下，任务的安全时间为任务的期望工期值减去最乐观值。

3.关键链识别

识别关键链的目的就是最终能够得到高速公路改扩建工程的进度计划。这也是实施关键链进度控制的第一步。结合以上的平行法、序列法和传统的甘特图法、PERT/CPM 提出了以下步骤，见图 2－8：

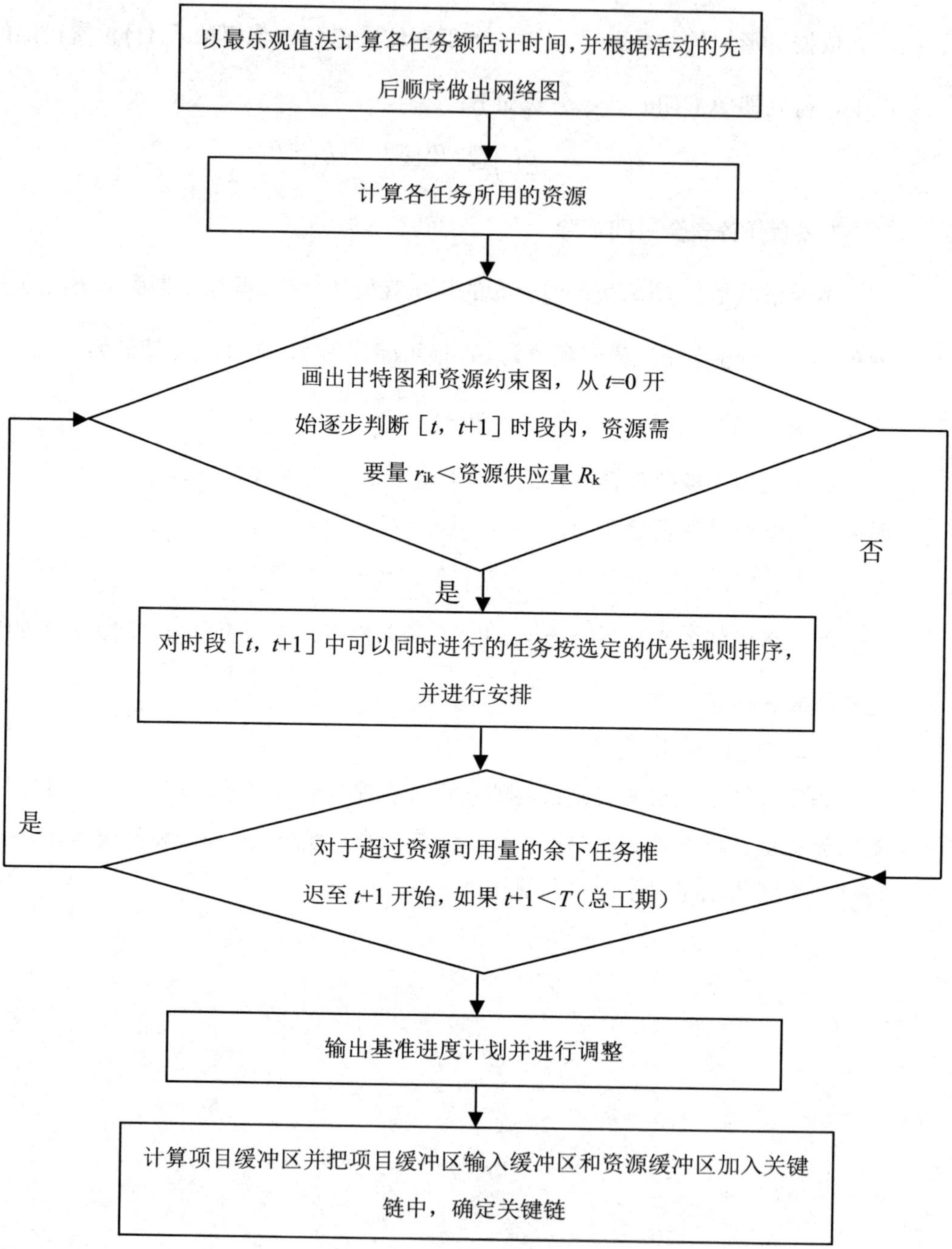
以最乐观值法计算各任务额估计时间，并根据活动的先后顺序做出网络图
计算各任务所用的资源
画出甘特图和资源约束图，从 t=0 开始逐步判断［t，t+1］时段内，资源需要量 r_{ik}＜资源供应量 R_k
否
是
对时段［t，t+1］中可以同时进行的任务按选定的优先规则排序，并进行安排
是
对于超过资源可用量的余下任务推迟至 t+1 开始，如果 t+1＜T（总工期）
输出基准进度计划并进行调整
计算项目缓冲区并把项目缓冲区输入缓冲区和资源缓冲区加入关键链中，确定关键链

图 2—8　识别关键链步骤

4.缓冲区大小确定

本书采用基于灰色理论的缓冲区大小确定方法，用灰数来表示具有不确定性的事件，用一致性指数$\alpha(x,y)$描述事件x与y间的符合程度。一致性指数$\alpha(x,y)$的定义是事件x相对于事件y的满足水平，也表示为模糊时间x有多少比例在模糊事件y中。一般情况下，一致性指数$\alpha(x,y)<1$的，事件x和事件y相同时，$\alpha(x,y)$的值为1。具体公式如下所示：

$$\alpha(x,y)=\frac{\int_{xi}^{xj}F_{\Lambda}(t)dt}{\int_{yi}^{yj}F_{\Lambda}(t)dt}$$

上式中，$\int_{xi}^{xj}F_{\Lambda}(t)dt$表示事件$x$的面积，$\int_{yi}^{yj}F_{\Lambda}(t)dt$表示事件$y$的面积。工期估计值用一致性指数表示，在项目实施中能够按照预期工期估计的时间来完成工作，同样利用白化线性函数来表示一致性指数。

假设估计的工期值为t_i，计算出估计工期与实际完成工期的符合程度为$\alpha(x,y)$，一致性指数$\alpha(x,y)$值已知，根据估计值可以求出实际值。提出几种假设：

假设1：假设一致性指数$\alpha(x,y)$=90%是高符合度指数，其计算公式如下所示：

其中，由灰色工期估计公式得到$\int_{m}^{n}\mu(t)dt=\frac{t_i-m}{n-m},\int_{p}^{q}\lambda(t)dt=\frac{q-t_i}{q-p}$带入上式得到灰色工期的一致性指数为：

$$\alpha(x,y)=\frac{\frac{t_i-m}{n-m}+(p-n)+\frac{q-t_i}{q-p}}{q-m}$$

工期t_i的计算公式为：

$$t_i\frac{[\alpha(x,y)*(q-m)-(p-n)]*(n-m)*(p-q)+[pm+qn-2qm]}{q-n+m}$$

当估计工期$\Lambda=(m,n,p,q)$的值分别为（8，12，15，17），且一致性指数为

90%，高符合度工期为 14 天，灰色工期估计得出的期望工期为 10 天。由此可知，期望工期通常都会小于高符合度工期。

为了避免人的三种行为假设，我们引入了插入缓冲时间来节约时间，以便于高速公路的统一管理。本书对工期的估计有两个值，第一个是消除多余安全时间的期望工期 $E(i)$，其工期的估计值通常较小。另一个是高符合度工期 t_i，就是最有可能工期，其一般情况下大于期望工期。计算缓冲区大小 PB，计算公式如下：

$$PB_i = t_i - E(i)$$

引入平方差来将关键工序节约的安全时间累加，则项目缓冲区大小为：

$$PB = \sqrt{\sum_{i \in n}\left(t_i - E(i)\right)^2}$$

5.缓冲管理机制建立

通过执行状况指针来建立缓冲管理机制。指针包括缓冲区指针和任务指针。缓冲区指针描述缓冲区被突破状况，通过不同层指针表示，第一层指针是消耗的缓冲区占总缓冲区 1/3 以内；第二层指针消耗的缓冲区占总缓冲区 1/3～2/3；第三层指针消耗的缓冲区占总缓冲区 2/3 以上。任务指针描述的是整个任务链突破状况，第一层指针是任务在前 1/3 链路长度内；第二层指针是在中间 1/3 链路长度内；第三层指针是在最后 1/3 链路长度内。执行者通过指针来监控工程的任务执行状况，如图 2—9 所示：

任务指针 \ 缓冲区指针	第一层 绿色	第二层 黄色	第三层 黄色
第一层	不采取行动	问题严重：需要立即行动	问题非常严重：需要采取果断措施
第二层	不采取行动	定义问题并研究解决方案	问题严重：采取解决方案
第三层	任务链会在预期工期内完成	不采取行动	监视事态发展

图 2—9 缓冲突破与行动决策矩阵图

五、基于工程特点的津滨高速公路改扩建工期管理对策

高速公路改扩建工程具有工程技术复杂、工期紧、任务重、成本高、质量要求高、施工规模大、施工情况复杂、不定因素多等特点。基于以上特点，本节提出津滨高速改扩建工程相应的工期管理对策。

（1）针对津滨高速公路改扩建工程技术复杂采取的具体管理对策如下：

①路基施工中的新老路的搭接问题。对原地面用压路机反复碾压，出现翻浆要及时进行处理；尽量采取大台阶开挖施工，在 50 cm 内采取增加水泥或石灰用量的方法来解决渗水造成的含水量偏大；增加现场管理人员的数量等。

②新老小型结构物和桥梁墩台帽的对接问题。最好选择在枯水季节施工，改用素砼桩处理结构物端头。当纵坡与实际坡度不符时，一是确保排水和畅通；二是严格控制涵洞的出水高程，防止排不出水，防止通道出口积水；三是适当调整纵坡。采用模板在对接处进行顺接过渡，在新建结构物中间增设沉降缝来克服对接处产生的裂缝。

（2）针对津滨高速公路改扩建工程工期紧、任务重、成本高的具体处理对策如下：

①项目部实行分工负责，各职能部门进行目标管理，建立严格的奖惩制度，围绕总工期制订详细的工作计划。

②物资保障部门根据工程进度计划编制所需主要物资的用量计划。

③认真研究施工图纸，对现场深入调查，制订合理的施工方案。

④实行资金包干专款专用，建立单项目标奖，在质量、安全达到目标时，完成单项目标工期，给予奖励，充分发挥经济杠杆的作用。

⑤加强外部协调，改善外部环境，增强现场调度，减少施工干扰，协调好机械配合、班组间作业和工序的衔接。

（3）为了保证工程质量并在计划工期内完成，针对津滨高速改扩建项目面临的严峻形势和目前各项工程进展情况，提出以下五方面要求：

①进一步明确津滨高速改扩建项目阶段目标。南半幅要尽量比原计划提前实现交通转换，从而提前实现南、北半幅主体工程全部贯通。

②各参建单位要加强工程技术和质量管理，确保施工工序合理、功效高，使各项进度目标、质量目标得到严格的贯彻落实。

③集团公司协助管理处进行两级管理。

④津滨高速公路改扩建共 6 个标段，各标段施工单位不同，相应工程进度也不同。要明确各标段完成的时间节点，做好交叉施工路面防污染和保洁工作。

⑤严肃工作纪律。管理处要加强精细化管理，制定细化相关措施。

（3）针对津滨高速公路改扩建工程施工情况复杂，不定因素多的处理对策如下：

①从滨海新区整体路网规划角度对路网进行深入的研究，选择合适的路将津塘公路上货车分流到塘沽城区以外，在开发区与塘沽区逐渐实现一体化发展的前提下，在新港四号路一线要实现客货分流、港区与城区车辆分流。

②结合津滨两侧的土地开发规划，调整津北公路路线。

③地基处理方法在下阶段初勘及详勘的基础上通过分析计算提出有效的、经济合理的方案。

④建议天津市政府统筹解决土源问题。

⑤进一步细化设计方案。

⑥新建雨水泵站的征地问题，需要建设单位进行协调。

第三章　高速公路改扩建工程关键技术

第一节　拟改扩建高速公路基础数据处理技术

与新建高速公路工程设计相比，扩建工程设计所包含的内容更多，牵涉面更广。工程设计必须解决好原路评估、新老路拟合、软基处理、路基拼接、路面拼接、桥梁拼接及加固改造、互通改扩建和交通组织等技术难题。因此，准确掌握拟改扩建高速公路的基础数据，包括路况调查、桥梁等专项检查和检测等，为研究项目确定改扩建的规模、标准及为合理选择扩建方案打下基础。

一、拟改扩建高速公路基础数据采集

（一）数据的种类

根据沪宁高速公路扩建工程、京港澳国道主干线河北段高速公路改扩建工程和京珠国道主干线粤境高速公路甘塘至广州段改扩建工程等改扩建工程的经验总结，高速公路改扩建勘察设计所需要的基础数据，按其性质可分为两类：

一是与使用性能相关的数据，主要有道路的空间地理信息、道路的交通状况和通行能力、路况（路面的平整度、弯沉等）、桥梁的承载能力、交通事故等；

二是与物理力学指标相关的数据，主要有现有路基填土的含水量、压实度、桥梁的结构性能等。

（二）数据采集方法

高速公路改扩建基础数据采集的方法，因不同的设计阶段和不同的数据类型，其采集方法不同。对拟改扩建项目的文献型数据应分类收集；对各专项工程，如路基、路面、桥梁等的相关数据的采集，应按相应的设计要求进行专项调查和检测。

1.关于拟改扩建项目空间信息数据的采集

现有公路最重要的基础数据是拟改扩建高速公路实际平纵线位数据的获取及沿线构造物的定位等。根据我国公路建设情况及现有的文档资料，仅依靠竣工资料是难以满足扩建要求的。由于扩建工程对测量精度的要求远高于新建工程，而现有高速公路上的交通流量大，不允许在老路上进行太多的定点测量，故在采集项目空间信息数据时，应充分利用现有的高新技术，以空间地理信息技术为依托，借助计算机和公共信息网络，把与高速公路相关的数据信息化、数字化，实现从规划、勘察、设计、施工、监控、收费、养护、运营和服务等多环节上对高速公路进行数字化建设与管理，并服务于高速公路的整个生命周期。归纳起来，目前拟改扩建高速公路项目空间信息数据的采集技术主要有：

（1）高分辨率卫星遥感技术。随着卫星遥感图像的定位精度越来越高，空间分辨率越来越细，使卫星遥感技术可以更加快速、更加精密和更加详细地获取地表信息，从而在工程应用领域中也有了突破性发展。卫星遥感技术以其丰富的地表信息和直观图像在老路改扩建方式的优化比选方面提供了一种非常好的技术支持。

1999 年，美国升空发射 IKONOS 遥感卫星标志着高分辨率卫星遥感时代的到来。该卫星距地面 681 km，重约 817 kg，每 98min 绕地球一圈，每 3d 就可对同一地区进行重复采样。IKONOS 影像含有一个分辨率为 1 m 的全色光谱波段和蓝、绿、红与近红外 4 个分辨率为 4 m 的多光谱波段，其遥感图像在无地面控制点时水平精度为 12 m，垂直精度为 10 m；有地面控制点时水平精度为 2 m，高程精度为 3 m。这些技术参数使 IKONOS 卫星图像不仅能完全解译出区域路网和经济布局、道路沿线的各种最新的自然和经济现象，而且在不断交通的情况下，使交通调查、路况调查、工程地质详查等成为可能，在路线方案选择、老路扩建方式优化比选方面具有得天独厚的技术优势。

（2）低空大比例航空摄影。航空摄影测量是以空中摄影照片构成的立体像对为基础，从几何和物理方面加以分析和测量，获取所摄对像信息的一门学科。由于信息量大，反映物体细致、客观，真实和详尽地记录了摄影瞬间的地表形态，具有良好的测量精度和判读性能，能方便地获得被摄地区的大比例地形资料。

高速公路改扩建最重要的是解决航测高程精度问题。公路摄影测量规范规定，航测高程误差可达 1/2～1 倍等高距，相当于 1:2000 比例地形图上 0.5～1 m（平原区）和 1～2 m（山区）的高程误差。改扩建项目涉及路面加宽、桥梁拼接等，在方案设计阶段就需要对老路中线平纵进行恢复和拟合，因此对地面，尤其是既有路面及结构物的高程精度要求非常高。显然，上述常规航测精度不足以满足改扩建公路勘察设计的要求。理论上，航测高程精度可达航高的1/4000～1/6000，整体提高航测精度最可行的方法是尽量降低摄影航高。但航高的降低在摄影测量学上有一定的技术难度，需要研究解决包括安全航高的限制、相对航速的增加使像点发生位移、摄影死角增多、单幅相片覆盖面积减小、近地层气流扰动使相片变形增大等一系列技术问题及相应的经济合理性等问题。

沪宁高速首次采用了低空大比例全彩色航空摄影技术（航高为670 m、摄影比例为1:5000）和数字摄影测量技术获取1:1000比例尺的全要素三维数字地形图和1:5000真彩色数字正射影像地形图，数字地图精度提高到平面精度≤±0.12 m，高程精度≤±0.15 m。

（3）高精度GPS-RTK三维测量。高速公路改扩建对路基、桥梁拼接等有着特殊的精度要求，受摄影测量自身的约束，航测数据尤其是路基路面数据的高程精度还不足以满足老路路面拼接的施工图设计要求。对于高速公路改扩建项目，要求最大程度利用现有工程，特别是对路面的利用、桥梁的拼接而言，要求高程精度必须控制在5 cm内。因此，需要有高精度地面测量数据予以保证。

常规测量通常是平面测量和高程测量分别实施，不但存在着视线不畅、车流影响、定向定位不准、水准高程测量困难、工作强度大、工作效率低等问题，而且在沿老路进行测量时还有其特殊的难题，如不中断交通的工作组织、测量人员的安全保障、道路构造物的影响等，致使常规测量的数据可靠性和精度都难以有效保证，严重影响施工图设计的质量，常常需要在施工图设计过程中反复进行调整和复测。

（4）空间数字地面模型和数字路基模型。数字地面模型系统是现代公路CAD系统的核心，建立设计范围内可靠的数字地面模型是进行数字化设计、优化设计、环境保护与景观设计的前提。目前世界上成熟的公路CAD核心技术无不包含一个内嵌于系统中的DTM系统，其用数学方式来描述地形表面。

随着应用的逐步深入，数字地面模型的研究已从数据源、模型构建、数据处理等逐步发展到多模型叠加和特殊模型的优化等方面，老路改扩建项目中的DTM正是后者需要研究应用的典型案例，具体为如何建立高精度、高仿真的现有公路的路基三维数字模型，并使之与大范围的地面模型和最终的设计模型进行有效的叠加技术。

2.关于路基、路面、桥涵等相关数据的采集

路基、路面、桥涵等相关数据的采集主要有以下方法和技术：

（1）弯沉检测。路面弯沉值的测试方法较多，目前最常用的是贝克曼梁法。该法在我国已有成熟的经验，但由于其测试速度等因素的限制，各国都对快速连续或动态测定进行了研究，现在用得比较普遍的有法国洛克鲁瓦式自动弯沉仪、丹麦等国家发明并几经改进形成的落锤式弯沉仪（FWD）、美国的振动弯沉仪等。采用丹麦产的落锤式弯沉仪（FWD），对每一评定路段（路面病害调查后，确定重点监测路段）综合运用数理统计的方法，得出平均弯沉、标准差、代表弯沉等数据。

（2）平整度检测。平整度是指以规定的标准量规，间断地或连续地测量道路表面的凹凸情况，即不平整度的指标。不平整的表面会增大行车阻力，并使车辆产生附加振动作用。这种振动作用会造成行车颠簸，影响行车的速度和安全及驾驶的平稳和乘客的舒适。同时，振动作用还会对路面施加冲击力，从而加剧路面和汽车机件损坏与轮胎的磨损，并增大油耗。而且，不平整的路面会积滞雨水，加速路面的破坏。沥青路面平整度数据采集采用上海普勒思 LIPRES 路面激光断面仪进行测量，4 个车道分别进行。为了保证数据采集的准确和稳定，检测速度一般为 40～50 km/h，最大不能超过 80 km/h。

（3）车辙检测。车辙变形会使路面平整度变差，严重影响舒适性和行车质量。而且严重的车辙可导致道路结构破坏，大大缩短沥青路面的使用寿命，甚至引发交通事故，现在车辙已成为路面管理系统中表征道路使用性能的重要指标。沥青路面车辙数据采集采用 APRES 路面车辙自动测定仪（自动化路面横断面剖面检测与分析系统），4 个车道分别进行。检测速度一般为 40～50 km/h，最大不超过 80 km/h，采样间距为 0.5 m，结果统计时的分段长度以 5 m 计，取两个轮迹的最大值为该断面的车辙深度。每公里为一个评定路段，计算各评定路段的平均车辙深度、最大车辙值、车辙深度大于 15 mm 累计长度。

（4）路面抗滑能力检测。通常，抗滑性能被看作是路面的表面特性，并用轮胎与路面间的摩阻系数来表示。表面特性包括路面宏观构造和微观构造，影响抗滑性能的因素有路面表面特性、路面潮湿程度和行车速度。路面的抗滑摆值是指用标准的手提式摆式摩擦系数测定仪测定的路面在潮湿条件下对摆的摩擦阻力，

它是反映路面抗滑性能的综合性指标。

3.桥梁结构构件的材质强度数据的采集

桥梁结构构件的材质强度数据的采集，主要是检测桥梁结构构件的混凝土强度，可以采用超声回弹综合法或回弹法检测强度。

4.关于交通量、安全事故等数据的采集

主要通过统计资料的收集，了解道路历年的交通量和交通事故情况；利用雷达测速仪等进行车速的实测，以对道路行驶车辆速度的连续性和协调性进行评价；通过现场拍摄录像的方式，记录典型路面性能状况、典型超限超载车辆装载运行和典型交通事故现场等资料。

二、拟改扩建高速公路基础数据处理的技术

高速公路改扩建工程既要满足相关的技术标准，又要最大限度地利用现有工程。平纵面设计不能简单地进行理想化的设计，也不能简单地完全利用老路平纵面，而是需要进行合理的平纵拟合设计，这是扩建工程特有的技术问题。

（一）拟改扩建高速公路的平面线形拟合技术

高速公路的扩建宜根据左、右幅中央分隔带边缘实测点位的平面坐标资料进行拟合。一般应基本保持原路设计的平面线形不变，尽量减小拼接设计难度和工程规模。在拟合分析中，利用左、右幅硬路肩外缘的测点资料进行校核，绘制拟合误差分布图，计算误差平均值和标准偏差值，同时结合原路设计、施工、运营情况进行拟合误差分析。

1.拟合设计原则与方法

拟改扩建高速公路的平面线形拟合设计应遵循以下原则和方法：

（1）两侧拼接路段应通过拟合设计，基本保持原路设计的平面线形；

（2）应以明式构造物和隧道等为主要控制要素进行拟合设计；

（3）平面拟合设计由直线、圆曲线、回旋曲线三要素组成。平面拟合中应采用单曲线、复曲线、多圆曲线等灵活的方式来拟合原设计曲线。

2.拟合设计的精度控制

高速公路的拟合误差（拟合值与实测值之间的误差）：对于明式构造物等主要

控制要素原则上宜控制在 10 cm 以内，一般路基路段宜控制在 10～20 cm 以内。误差平均值宜≤±5 cm，标准偏差≤±3 cm。

3.沪宁高速公路扩建工程 A 段平面线形“多圆复曲线拟合法”实证分析

为保证平面拟合的精度，对沪宁高速公路扩建工程 A 段平面线形采用“多圆复曲线拟合法”进行拟合。

（二）拟改扩建高速公路的纵面线形拟合技术

高速公路纵面线形拟合宜按左、右幅分别进行拟合。根据左、右幅中央分隔带边缘实测点位的纵面高程资料进行拟合，同时利用左、右幅硬路肩外缘的测点资料进行校核，绘制拟合误差分布图，计算误差平均值和标准偏差值，同时结合原路设计、施工、运营情况进行拟合误差分析。

1.纵面拟合设计原则

（1）纵面拟合应分段进行拟合设计。老路纵面满足技术标准时，重新设计的纵面线形尽量与原有线形保持一致。

（2）纵面拟合设计中，应以现有明式构造物和隧道等为控制点，确保构造物的安全。

（3）除受净空以及构造物限制的路段外，一般路段应遵循“宁填毋挖”的老路改造原则，即根据路面实施的需要和构造物的限制采用路基宁填少挖、桥梁不填不挖的原则进行拟合。

（4）纵面线形设计中考虑与桥梁、路线交叉（互通立交、分离立交、通道）、路面设计、软基处理、沿线设施改造方案等的协调性，保证工程方案经济、合理。

2.拟合设计的精度控制

（1）明式构造物拟合误差宜控制在 -3～3 cm，并应满足构造物结构安全需要。

（2）误差平均值宜≤±5 cm，标准偏差值宜≤±3 cm。

（3）对于利用原路面结构层进行路面直接加铺的路段，纵面拟合设计误差宜控制为 -1～3 cm。

（4）对于软基路段要尽可能维持现有路基高程，同时应尽量满足规范要求。特殊困难路段，应进行多方案分析论证。

第二节　拟改扩建高速公路状况评价技术

一、拟改扩建高速公路状况评价的内容

拟改扩建高速公路的评价实质上是对拟改扩建高速公路的特性进行评价和分析，是改扩建工程中的重要环节，是改扩建工程方案研究的基础。

（一）拟改扩建高速公路运行安全性评价

拟改扩建高速公路运行安全性评价可以参照《公路项目安全性评价指南》（JTG B05－2004）进行操作，重点找出拟改扩建高速公路中不利于运行安全的路段与原因，有利于改扩建工程中制定针对性措施。

（二）拟改扩建高速公路工程状况评价

拟改扩建高速公路工程状况评价包括两部分，一是道路符合性评价；二是道路质量评价。道路符合性评价是依照确定的改扩建标准与拟改扩建高速公路进行对比，找出标准、指标不满足要求之处，在方案研究中制定相应的对策。道路质量评价是为了充分利用现有工程，通过评价工作提出改扩建方案。进行拟改扩建高速公路工程评价需要开展全面的调查工作，包括：

（1）拟改扩建高速公路建设资料的收集。

（2）拟改扩建高速公路几何形态的测量、各项工程位置的测量，包括路面、路基和公路范围的现有宽度，公路的平面、纵面半径、视距等。

（3）各项工程使用状况的调查，包括外观调查、路基勘察、结构物检测，可能对改扩建工程造成影响的村镇的地物、规划等。

（三）改扩建高速公路交通量分析与预测

高速公路改扩建的主要目的是通过提高公路等级或提高公路标准来满足日益增长的交通需求。进行改扩建高速公路的交通量调查与远景交通量预测，不仅是高速公路改扩建必要性决策的主要依据，同时还决定改扩建项目的规模及其项目在区域路网中的地位，并作为改扩建项目设计的标准依据之一。

（四）道路通行能力和服务水平评价

高速公路改扩建是为日益增长的交通流顺畅、快速、安全地运行提供良好的条件和环境，而衡量交通流内的运行条件及其为驾驶员和乘客提供服务质量的指标为道路通行能力和服务水平。通行能力能否满足远景交通量是对改扩建工程技术标准的基本要求，而服务水平则从车辆运行状态的角度对工程技术标准提出了更全面的要求。通行能力是实现服务水平的基础，对通行能力的要求最终体现于服务水平的满足程度。因此，对服务水平的要求已经包含了对通行能力的要求。

二、交通量评价与预测

（一）新建高速公路交通量预测的理论和方法

目前国内外新建高速公路一般采用以集合分析思想为指导，包含各类预测方法和模型在内的四阶段预测法来进行交通需求预测。四阶段预测法通过“出行生成（Trip Generation）、出行分布（Trio Distribution）、方式选择（Mode Split）、出行分配（Trip Assignment）”四个阶段，将现状的地区社会经济调查和交通出行调查按照地区经济的增长趋势及目标，利用预测方法推导出未来的地区出行需求，将未来各个交通区的交通发生与吸引总量进行地区间的空间分布预测，求得区与区之间的出行，再通过交通方式求得各种交通方式的分担量，最后将所有的出行需求分配到路网上，并以此配合道路网规划，检验拟改扩建高速公路网的负荷，为区域道路网的规划提供科学的依据。

（二）改扩建高速公路交通量预测的理论和方法

目前，全国省干线公路都设有交通量观测站，用来长年观测所处路段的各种交通特性，以便为公路建设、管理、决策提供重要依据。利用基于通道道路历史交通量的趋势法就是利用这些已有数据进行改扩建项目的交通流量预测，这就可省去大量的出行调查费用，而且由观测站长年观测的路段交通量历史数据比某一天的交通调查结果能更好地反映交通量的变化趋势，为预测精度提供保障。

（三）基于运输通道的沪宁高速公路交通量预测

1.基于运输通道的交通量预测法的思路

由于本书研究的项目是改扩建项目，已运营多年，路段历史交通量本身就能反映该路段上交通量的发展趋势。因此，可以利用该路段的历史交通量用基于运输通道的交通量预测法来进行预测。

基于运输通道的交通量预测法的具体思路如下：

（1）获取项目所在运输通道内各条道路的历史交通量。

（2）根据运输通道历史交通量找出其发展趋势，运用相关趋势模型求出通道交通量的增长率，并计算出通道未来年总交通量。

（3）根据项目通道内各条道路的历史交通量发展趋势，结合各条道路在未来年的等级、车道数和通行能力等因素，采用 Logit 概率模型来确定未来年各条道路在通道内所承担的交通量比例，最后计算出本项目未来年的交通量。

2.通道交通量的获取

依照《公路交通情况调查技术规范》可知，通过交通量观测站，可以得到以下几点与交通量预测有关的历史数据：

（1）交通调查的范围很广，凡是列入管养的公路，必须进行交通量调查。

（2）交通量观测站的分布原则应从全面反映公路网交通流量及其特性出发，考虑公路网布局、管理等级、技术等级及公路建设规划，合理布局。

（3）连续式交通量观测必须全年 365 天，每天 24 小时不间断地进行，并以每小时为一时段，由整点到整点观测记录。

（4）每小时的交通量及日交通量应分方向、分车型、分小时进行记录统计。

（5）每个日历月结束后，应及时根据每日的观测记录，对全月汽车交通量及混合交通量的小时交通量的变化情况进行统计。

3.沪宁高速公路交通量预测

（1）预测模型。基于运输通道的交通量预测法是从利用运输通道历史交通量的角度探讨如何进行改扩建项目的交通量预测，可以由历年交通量变化情况寻找出该运输通道交通量的变化趋势和规律，比较常用的有指数平滑法、多项式回归法和灰色预测法。这三种方法共同的出发点都是在寻求交通量变化与时间进程的关系，其目的就是想尽可能准确地反映交通量自身随时间推移变化的规律。

（2）通道交通量预测。在运用通道历史交通量来预测本项目交通量的过程中，先预测该通道内几条道路的交通量之和，即通道交通量。根据指数平滑法、多项式回归法和灰色系统法三种趋势法综合考虑，得到本项目通道未来年交通量增长率，见表3－1。

表3－1　本项目通道未来年交通量增长率表

年　份	2002—2010	2010—2020	2020—2030
通道交通量年平均增长率（%）	9.89	4.32	3.21

根据本项目所在通道现状交通量和本项目通道未来年交通量增长率，按以下公式计算：

$$Q_F = Q_T \cdot \left(1 + R_F\right)^n$$

式中：Q_F为通道未来年交通量；Q_T为通道现状交通量；R_F为通道未来年交通量平均增长率；n为预测年与基年的年份差。

（3）运输通道内各道路交通量预测。根据各条道路在整个运输通道内所分担的比例，可以将运输通道总交通量分配到各条道路上。

①运输通道内各道路分担比例预测。根据各条道路所需的时间、费用等阻抗参数构成的各种交通阻抗大小为基础，建立Logit概率模型来确定各条道路在通道内所分担的比例。

$$P_{ijm} = \frac{e^{-\theta rijm}}{\sum_{k=1}^{n} e^{-\theta rijk}}$$

式中：P_{ijm}为第i区到第j区m道路的分担率；θ为参数，根据控制目标拟合OD试算求出；r_{ijm}为第i区到第j区m道路的广义费用（交通阻抗）；r_{ijk}反映的是选择不同道路时所考虑的各种因素及其重要性。一般来说，r_{ijk}与各种阻抗之间呈线性关系，即

$$r_{ijk} = \sum_{n} a_n y_{ijkn}$$

其中：a_n为待定系数；y_{ijkn}为第i区到第j区k道路第n种阻抗因素的值。

待定系数θ的确定，采用拟合OD调查资料确定，即以某一指标作为控制目标，用试算法解决。假定不同的θ值，通过比较用模型计算和实际调查所得指标

的误差来确定。控制指标可采用如下平均出行阻抗$\bar{r}$：

$$\bar{r}=\frac{\sum_{i}\sum_{j}\sum_{k}P_{ijk}X_{ij}r_{ijk}}{\sum_{i}\sum_{j}\sum_{k}P_{ijk}X_{ij}}$$

其中：P_{ijk}为第i区到第j区k道路按θ值代入模型计算（或调查）所得的分担率；X_{ij}为第i区到第j区调查所得的交通分布量；r_{ijk}为第i区到第j区k道路的广义费用。

②运输通道内各道路交通量预测。根据本项目通道未来年交通量和本项目未来年通道内各道路所占比例，并按以下公式计算，得出未来年运输通道内各道路交通量。

$$Q_k=Q_F\cdot P$$

式中：Q_k为未来年道路k的交通量；P为通道内各道路交通量所占通道交通量的比例。

（4）诱增和转移交通量预测。基于运输通道预测的改扩建道路的交通量，仅通过历史交通量来反映交通量随相关地区经济、人口等因素变化的发展情况，并没有考虑由于道路本身等级提高、道路条件改善所引起的转移和诱增交通量，所以该方法仅预测了拟改扩建道路的趋势型交通量，还需对转移型和诱增型交通量进行预测。

三、通行能力与服务水平评价

高速公路改扩建后，通常应分别对高速公路现状和改扩建后的状况在通行能力和服务水平方面进行评价。

（一）沪宁高速公路江苏段现状服务水平评估

1.道路现状通行能力计算

可能通行能力计算公式为：

$$C_{可}=C_{基}\times N\times f_w\times f_{HV}\times f_p$$

式中：$C_{可}$为可能通行能力，辆/小时（单向）；$C_{基}$为基本通行能力，取2000

辆小客车/小时/车道；N 为高速公路上单向车道数，现状沪宁高速公路为双向四车道，取值 2；f_w 为受限车道宽度和侧向净空影响的修正系数，取值 1.0；f_p 为驾驶员总体特征影响的修正系数，取值 1.0；f_{HV} 为交通流中重型车辆影响的修正系数。计算式为：

$$f_{HV}=1/\left[1+P_T\left(E_T-1\right)+P_B\left(E_B-1\right)\right]$$

式中：P_T、P_B 为分别为货车与大客车在交通流中所占的百分比；E_T、E_B 为分别为货车与大客车折合成小客车的折算系数。

2.沪宁高速公路现状服务水平评估指标的测定

道路服务水平受诸多因素影响，包括车辆行车速度、高峰小时交通量及车型构成等。沪宁高速公路现状服务水平评价指标的测定，主要依据沪宁高速公路交通量调查资料。

（1）车辆运行速度。

（2）高峰小时流率。

3.高峰小时服务水平分析

沪宁高速公路高峰小时服务水平，根据沪宁高速公路调查所得到的数据及上述成果，从以下几方面分析：

（1）高峰小时交通量。高速公路交通量是按照不同的时间间隔不断变化的，是按照一定的时空分布规律进行分布的。选择高峰小时流量进行分析，是因为通行能力和其他交通分析都是集中在交通量的高峰小时上，高峰小时代表着最高的交通需求。沪宁高速公路各观测区段交通量观测按 15 分钟分段计数，最终得到逐时交通量资料。选择 15 分钟分段计数是为了获得高峰小时系数和高峰小时流率，以此体现沪宁高速公路高峰时段的流量特征，并将其作为服务水平评估的基础。

（2）车流密度。交通密度（K）计算公式为：

$$K=Q/VS \quad（辆/公里）$$

式中：Q 为单车道上交通量（辆/小时）；VS 为区间平均车速（公里/小时）。

（二）沪宁高速公路江苏段扩建后的服务水平评估

1.车道数的计算

依据交通部“九五”攻关项目《公路通行能力研究》的成果，根据交通量预测结果，分析确定沪宁高速公路江苏段拓宽工程采用的车道数。

（1）高速公路适应交通量计算公式：

$$AADT = \frac{C_D N}{KD}$$

式中：$AADT$ 为设计年限的设计平均日交通量（小客车/日）；C_D 单车道设计通行能力（小客车/小时/车道）。

$$C_D = C_B \times \left(V / C \right)$$

其中：C_B 为理想条件下车道的基本通行能力（小客车/小时/车道）；V/C 为不同服务水平下的流率与通行能力之比的最大值；N 为单向车道数；K 为设计小时交通量系数；D 为交通量方向分布系数。

（2）指标分析和确定。对于部分指标选取时考虑如下：

①根据我国小客车性能及大型车混入率较高的状况，高速公路每车道的基本通行能力 C_B 确定为 2000（小客车/小时/车道）。

②我国的公路服务水平分为一级、二级、三级、四级。根据《公路路线设计规范》（JTG D20－2006）规定，高速公路适应交通量按照二级服务水平来设计，本项目的计算行车速度为 120 km/h，二级服务水平下的 V/C 值为 0.74，同时考虑三级服务水平的 V/C，取值为 0.88。

③设计小时交通量系数。设计小时交通量一般取一年第 30 位的小时交通量。将一年的小时交通量按大小顺序排列，从最大值到第 30 位左右的交通量的减少比例显著，而从第 30 位以下的减少比例则比较缓和。设计道路时，若想能解决最大小时交通量，就要能满足一切交通条件，这样极大地降低了道路的经济性。所以，一般舍掉小时交通量变化显著的第 1～29 位，而以第 30 位的交通量为标准进行设计，虽然一年要有 30 小时超过通行能力，但从经济上来讲是合理的。

2.服务水平分析

沪宁高速公路江苏段按 8 车道扩建后，预测特征年各路段高峰小时服务水平，见表 3－2：

表 3－2　8 车道高速公路服务水平预测表

路段/年份	2010 年	2020 年	2030 年
南京东互通—南京东南环枢纽	一级	一级	一级
南京东南环枢纽—汤山互通	一级	一级	一级
汤山—句容互通	一级	一级	一级
句容互通—丹徒枢纽	一级	一级	一级
丹徒枢纽—镇江直线枢纽	一级	一级	一级
镇江直线枢纽—丹阳互通	一级	一级	一级
丹阳—罗墅湾互通	一级	一级	一级
罗墅湾互通—常州西北绕城枢纽	一级	一级	一级
常州西北绕城枢纽—常州北互通	一级	一级	一级
常州北—横山互通	一级	一级	一级
横山互通—横林互通	一级	一级	一级
横林互通—横林枢纽	一级	一级	一级
横林枢纽—玉祁互通	一级	一级	一级
玉祁—无锡北互通	一级	一级	一级
无锡北互通—无锡枢纽	一级	一级	一级
无锡枢纽—无锡东互通	一级	二级	二级
无锡东互通—硕放枢纽	一级	二级	二级
硕放—东桥枢纽	一级	二级	二级
东桥枢纽—苏州新区互通	一级	二级	二级
苏州新区—苏州东互通	一级	二级	二级
苏州东互通—苏州北枢纽	一级	二级	二级
苏州北枢纽—苏州工业园区互通	一级	二级	二级
苏州工业园区互通—昆太枢纽	一级	二级	二级
昆太枢纽—昆山互通	一级	二级	二级
昆山互通—花桥站	一级	二级	二级

服务水平计算表明，无锡枢纽以西路段采用 8 车道建设到预测末年服务水平可以保持在一级水平，较为理想。无锡枢纽以东路段采用 8 车道建设，到 2020 年服务水平进入二级，但到 2030 年服务水平仍可保持在二级以上。综合以上分析，拓宽为 8 车道后，沪宁高速公路江苏段能够满足未来的交通需求。

四、路基路面状况评价

高速公路改扩建的勘察设计的主要任务之一就是对拟改扩建高速公路的路基和路面进行全过程的评价。现有路基及路面结构经过多年的使用，由于车流荷载的作用、路基天然地基的受力变形、地下水环境的改变等方面的影响，路基填土的物理、力学性质已有了很大的变化，加上施工期的遗留问题，使得部分路段现有路基、路面结构已经产生了不同程度的路基变形、纵（横）向开裂、网裂翻浆、路面沉陷与车辙等病害现象。针对现有路基及其路面结构的基本性能检测与评价，路况病害处置方案，改扩建后的路基、路面协同工作状态等已成为改扩建设计及其理论研究的一个重要课题。如何检测、评价现有路基、路面工作状况是扩建工程设计的关键环节，它将直接关系到工程的合理性和工程投资。

（一）拟改扩建高速公路路段 RCQI 评价分析指标体系

为了能够较好地利用现有各种养护资料和近期的定期测试资料，同时便于计算和运用，本书提出基于道路养护资料整理和现场检测数据分析验证的 RCQI 评价体系。该体系可以简化评价过程、提高评价速度、降低评价成本。

根据扩建工程特点，考虑整个路面上面层需要重建，故评价体系中未考虑路面功能性指标即路面行驶质量指数（RQI）及路面抗滑性能的计算。

1.DR 的计算

由于沪宁高速公路各养护处的维修、养护资料记载的数据没有执行路面养护系统的格式，也不够详细，其记录方式仅为具体桩段号所发生的病害形式，而没有记录所发生病害的严重程度及病害面积，依据灰色理论的概率统计生成规律，认为在道路修建通车后对于同一路段如果发生病害维修情况次数越多，则可以认为该路段面层或基层或底基层或土基出现损坏情况的概率越大；反之，则认为该路段面层或基层或底基层或土基出现损坏的概率越小。

从开挖情况来看，频繁发生病害的路段路基或基层确实存在问题。具体的加权值，对发生一次的权值取 0.5，二次的权值取 1.0，…，i 次的权值为 $i\times0.5$。以每百米内沉陷、网裂、横裂等出现的不同病害次数乘以同一段落处历年出现的次数的加权系数，再除以进行统计分析的总次数，作为不同的值，计算公式为：

$$D_i=(\Sigma_{1次}\times D_{1次}\times0.5+2次\times D_{2次}\times1.0+\cdots+i次\times D_{i次}\times i\times0.5)/i$$

式中：i 为所进行不同病害统计资料的总次数。

各种形式的路面病害所对应的路基损坏程度也不一样，因此，相应的对各种病害分别进行了加权处理计算，以描述这种差别。具体的权值根据不同病害对路基损坏程度的不同，参照《公路沥青路面养护技术规范》（JTJ073.2－2001）及《高速公路养护质量检评方法》（试行）中对不同病害的权值的定义，在这里对沉陷取0.5，网裂取0.3，横裂取0.2。计算公式为：

$$DR=（D_{沉陷}\times K_{沉陷}+D_{网裂}\times K_{网裂}+D_{横裂}\times K_{横裂}）$$

2.PCI 及 PCI'的计算

沿用《公路沥青路面养护技术规范》（JTJ073、2－2001）中的判别标准，利用上述计算出的路面综合破损频率 DR 值，依据计算公式：

$$PCI=100-15DR^{0.412}$$

分别计算出每百米 PCI 分值（如计算出 PCI 分值为负分则计为 0 分）。根据 PCI 的计算分值利用路面破损状况评价标准，将路面破损状况分为优、良、中、次、差五个等级，再利用路面综合评价标准分别给予相应指标的赋值，换算得出每百米的 PCI'（为了描述各路段路面状况指数 PCI 的优良差异，在每一等级内再利用内插法在每一等级赋值分中进一步细分不同的赋值分差）。

（二）RCQI 评价体系评判分值标准

参照《公路沥青路面养护技术规范》（JTJ073.2－2001）及《高速公路养护质量检评方法》（试行）中路面综合评价指标 PQI、MQI 对路段状况进行优劣评价的评价标准，结合路面雷达、瑞利波、地质钻探测试结果及现场部分施工路段实地开挖验证结果，确定道路状况综合评价指标 RCQI 的评价标准，见表 3－3。根据表中的评价标准进行优劣路段的划分。

表 3-3　道路状况综合评价指标

评价指标	优	良	中 1	中 2	次	差
路面质量指数 RCQI	≥90	≥75～<90	SSI≥0.83 ≥55～<75	SSI<0.83 ≥55～<75	≥40～<55	≤40

第三节　改扩建高速公路技术指标决策研究

一、改扩建高速公路技术指标决策原则

（一）公路改扩建的定义

目前，在我国现行的有关规范中，已把公路改扩建工程纳入了公路养护管理的范畴。在公路工程名词术语中对养护与管理分别定义了养护，小、中、大修及改善工程，但养护管理的指导方针主要是：“为保持公路的正常使用而进行的经常性保养、维修作业，预防和修复灾害性损坏以及提高使用质量和服务水平而进行的加固、改善和增建”。其中，“养护改善”的定义为：“根据交通发展的要求，对公路沿线设施进行逐段改善，以提高技术等级的较大工程。”在过去的较长时间内，在养护过程中对相当多的原有公路实施了养护改善工程，各省还针对公路养护改善工程专门制定了行业政策与技术要求，为提高公路网的服务水平起了很大的作用。从定义中不难看出，养护改善工程重点着力于局部技术等级的提高，是养护与改善并举、以改善和提高技术标准（从而提高通行能力）为主的工程，是在全国主体为低等级公路的背景下提出的，是提高低等级公路通行能力的有效措施。

综合来看，可以将公路改扩建定义为：“根据交通发展的要求，以提高公路等级或改变原有公路技术标准、改善原有公路沿线设施、提高原有公路通行能力和服务水平的建设工程。”

（二）公路改扩建的依据与目的

对于一条正在运营使用的公路来说，是否要对其进行改扩建是一个十分复杂

和重要的问题，既涉及对改扩建公路的性能和所在路网的评价，同时也涉及改扩建公路的经济效益（残值利用等）问题。因此，公路的改扩建要有充分的依据和明确的目的。

根据公路改扩建的定义，对原有公路提出改扩建的主要依据如下：

1.原有公路的交通量增长和公路的适应程度不满足要求

交通拥挤度是衡量其通行能力及其服务水平的一个重要指标。通过对原有公路交通量的调查和分析预测，可以为评价研究公路的交通量适应状况提供资料，进而提出改扩建工程的技术标准和建设规模（公路升级或增加车道数），以达到提高现有公路的通行能力，并满足交通需求的目的。

2.路网规划需要

新一轮的路网规划，有时需在原有走廊内建设更高等级的公路，同时受建设条件限制，需要改扩建原有公路以实现等级提高。

3.使用功能改变或服务水平要求提高的需要

原有公路的使用功能变化，如一般公路改为旅游公路，或因技术标准低或沿线设施不完善，公路运行安全性差，不符合以人为本的服务需要，需要进行改建。

4.荷载标准或使用寿命的要求

荷载标准发生变化或原有公路的使用寿命要求对公路的结构强度进行加固、补强。

（三）高速公路改扩建技术指标决策的基本原则

公路改扩建技术指标选用的基本原则为：

1.实践科学发展观，实现项目的可持续发展

公路工程不是一个静态的项目，它是一个随时间发展的动态工程。改扩建工程既要充分考虑项目建设期条件，又要为未来交通发展留有空间，实现可持续发展，要全面规划，协调发展，科学管理，保证畅通。具体表现在以下几个方面：

（1）在满足设计年限内交通需求的同时预留一定的发展空间。

（2）积极考虑设计期后公路发展的可操作性。

（3）积极适应沿线发展规划，为沿线经济发展提供相应的空间。

（4）采用科学合理的工程技术实现节能、环保、高效。

（5）采用合理的方案实现全寿命周期的成本最低化。

2.最大限度地利用原有工程

最大限度地利用原有工程是改扩建工程的基本要求。要实现最大限度的利用，需要有理念的创新和技术的保证。

要最大限度地利用原有工程，会涉及设计规范、技术指标的掌握，涉及原有工程及废旧材料的充分利用，需要结合公路现状评价进行深入的研究。

3.科学选择方案

改扩建工程是否可行，除了建设目标的科学合理外，科学的改扩建方案尤为重要。方案选择中需要考虑以下几个方面：

（1）最严格的土地政策。

（2）降低施工期交通组织难度，确保建设期公路的连续运行。

（3）因地制宜，采用成熟、合理的工程技术，控制工程风险。

（4）工程费用合理。

二、高速公路改扩建技术标准的论证

由于我国公路建设的方式多样，不同路段的技术标准不一样，不同时期采用的技术标准也不一样。因此，在确定公路改扩建方案时，应结合路段的实际情况和公路的功能，进行反复的技术经济论证和比较。原则上，公路改扩建工程应按现行公路工程技术标准执行，选择满足标准、规范要求的指标进行设计、建设，但在具体的技术指标的运用上，要结合改扩建工程的特点，灵活掌握。对特殊项目或特殊路段，可在充分论证的基础上（满足公路运行安全性要求和公路总体通行能力要求），局部路段也可降低标准，但必须具有良好的经济效益，要设置过渡段并设置预告标志，同时这些路段的间距要尽可能大。如果这种特殊路段的密度过大，则要考虑较长路段降低设计标准；有的项目也可采用原技术标准进行改扩建。

三、改扩建高速公路技术指标决策实例

（一）局部同向分离方案的分、合流的处理

（1）在平面指标的运用上，灵活、不片面追求高标准。对局部分离的新线，其平面线形应按现行规范设计，保证新线与老路线形标准的连续性，并应按主线

分岔和合流进行设计，同时遵循车道数平衡的原则。

(2)同向的线形分离设计有以下两种形式:线形分离方式与设置渐变段方式。但高速公路的同向分离路段应按相应的设计速度，按线形分离设计，以保证行车安全。

（3）对主线局部同相分离路段的汇流鼻前，分离线与原主线间应参照互通式立体交叉规定。

（二）局部路段（点）压缩硬路肩宽度

高速公路改扩建工程应按标准规范设置右侧硬路肩。为了充分利用现有工程，局部路段（如大型构造物或导致特殊工程需要拆除的特殊困难路段）在分析论证的基础上，可压缩右侧路肩宽度，但应满足行车安全的侧向余宽（路缘带宽 S1+相应设计速度的 C 值），并配合交通工程的设计设置变宽过渡段（构造物或特殊工程长度加上两端各不小于 500 m 的范围），硬路肩宽度渐变率不宜＞1:50。

（三）纵面指标的决策

1.拟改扩建高速公路纵面拟合设计的优化调整

结合原路纵面线形主要指标的符合性分析结论，对于原路拟合纵断面符合以下情况之一者，应进行调整和优化:

（1）现有纵面不能满足现行规范和技术标准的路段。

（2）现有纵面不能满足路基设计水位、内涝水位要求的路段。

（3）现有路面状况较差，有明显缺陷，需要采用加铺补强方法恢复路面功能的路段。

（4）在施工中需进行二次纵坡拟合和局部调整的特殊困难路段。

2.坡　长

高速公路拟合纵面设计时，为了尽可能利用原有工程，在满足视距的前提下，局部路段可不控制最小坡长。

但考虑到在变坡的凹型、凸型竖曲线处，过频繁的变坡易造成超重、失重，特别在车速较高时，会使乘客很不舒适，因此，对不能满足最小坡长的路段应采用 3 s 行程来控制竖曲线的最小长度，实际的纵坡最小长度至少应能满足设置竖曲线的需要。

3.竖曲线

竖曲线的半径和长度宜按规范值设计。特殊路段在满足视距的前提下，可采用最短的竖曲线长度控制设计。

第四节　高速公路扩建形式和扩建方案的选择

一、高速公路改扩建总体方案选择

（一）扩容方式与扩建方式比较分析

综观国内外高速公路建设情况，提高既有高速公路服务水平的方式不外乎新建分流道路和利用原路扩建两种，即扩容与扩建两种方式。

在项目前期研究阶段，选择扩容还是扩建是需要回答的第一难题。进行决策主要依据两个方面：一是交通量的发展是否可以通过路网规划加以解决；二是经济布局和交通源需求与既有道路服务水平的适应性。

（二）沪宁高速公路改扩建总体方案选择研究

从路网结构来看，沪宁高速公路和 312 国道共同构成沪宁间东西向的通道，也是南京—上海间最便捷的汽车运输通道。现状调查表明，沪宁高速公路建成通车后，各地在沿线优先布局了大量的优质工农业资源，形成了苏南地区经济高速发展带。经济发展为道路提供了稳定的交通量，逐渐巩固了沪宁高速公路东西向主通道的地位，它的存在已对沿线经济发展、路网建设、城镇布局、人民生活等各方面都产生了深远的影响。随着国道主干线的延伸和相连地区经济的进一步发展及长江三角洲龙头地位的提高，沪宁高速公路上作为国道主干线的交通量还将进一步增加。

（三）京港澳高速公路河北段改扩建总体方案选择研究

分析研究北京、河南高速公路的建设规划，目前均未考虑京港澳高速公路的扩容道路。因此，新增扩容方案起终点存在很多可能选择，总体走向上又有西线方案和东线方案可供选择。

第一，扩容后车道数大于 8 时，不宜将扩容起点设于现有京石高速公路上。

第二，扩容后车道数小于等于 8 时，可以考虑将起点设于现有京石高速公路上。

受河南省路网规划的限制，扩容线终点最终需延伸到现有京港澳高速公路上，从而实现与河南路网的衔接。

可能的方案有三个，分别是西线方案、东线方案和混合方案。

综合三大方案，东线方案建设里程最长，西线及混合方案均推荐北段利用张石高速公路，南段新建高速公路，建设里程分别缩短 152 km 和 140 km。若采用全新建扩容方案，推荐采用东西混合方案。但不管是东线、西线还是组合线，全段扩容还存在以下共同问题：

1.新建工程较扩建工程土地占用多

新建工程不论是路基宽度占地还是取土占地都明显高于扩建工程（新建 6 车道土地用量约是两侧拼接扩建为 8 车道的 3.5 倍），在严格控制土地资源的情况下，扩建方案具有明显的优势。

2.新建不能完全替代扩建

交通量预测结果表明，新建工程不能完全满足京港澳高速公路沿线经济与交通发展的需求，扩容道路建成后还需要扩建，只是进行了建设时序调整。

3.扩建能最好地适应交通发展的需要

如前所述，现有高速公路最贴近交通发生源，原路扩建能最大限度地满足沿线交通发展的需求，充分发挥主干线的作用。

二、扩建方案及其实现形式

（一）单侧拼接

单侧拼接方案是将拟改扩建高速公路中央分隔带连接起来，改建为标准路面和桥梁，重新划分为单向 4 个车道（必要时将原路双向横坡调整为单向横坡），将其作为扩建后道路的半幅使用，再在一侧实施拼接工程，构成另半幅路基。

（二）单侧平面分离

单侧平面分离是以现有老路为半幅路基，在现有老路基的一侧以完全分离方式或以中央分隔带隔离方式新建另一半幅路基。

（三）两侧拼接

两侧拼接加宽在技术标准不进行调整的道路扩建中应用广泛，它的最大优势是节约资源和投资，利于运行交通组织。

（四）两侧分离

两侧拼接加宽方案不可避免会产生施工交通组织、道路桥梁拼接技术处理等问题，加上建设条件的限制、交通组织的需要，一些特殊路段常不能实施两侧拼接方式。此时，两侧分离加宽就是一个有价值的选择。

（五）组合形式

在具体路段扩建形式选择时往往受建设条件的限制较多，此时可以采用上述方案进行组合加以解决。常见的组合有两侧拼接与单侧分离的组合、两侧拼接与两侧分离的组合。组合方案可以发挥共同的优点而减少各自弱点的影响。

三、扩建方案的比较与选择

（一）扩建方案选择模型

1.层次分析法（AHP）确定指标权重

层次分析法的基本思路是将一个复杂的问题分解成若干个组合因素，将这些因素按其系统的支配关系，分组形成递阶层次结构；通过两两比较的方式确定层次结构中诸因素的相对重要性，然后综合人们的经验判断，以决定诸因素相对重要性的顺序和权重。

层次分析法的具体程序分解如下：

（1）建立系统的递阶层次结构。在这一个步骤中，要求将问题所含的要素进行分组，把每一组作为一个层次，并将它们按照“最高层（目标层）—若干中间层（准则层）—最低层（属性层）”的次序排列起来。

（2）建立判断矩阵。这一个步骤是 AHP 决策分析中一个关键的步骤。就判断矩阵表示针对上一层次中的某元素而言，评定该层次中各有关元素相对重要性程度的判断，其形式如下：

$$B=\begin{bmatrix} b_{11} & b_{12} & \cdots & b_{1n} \\ b_{21} & b_{22} & \cdots & b_{2n} \\ \cdots & \cdots & \cdots & \cdots \\ b_{n1} & b_{n2} & \cdots & b_{nn} \end{bmatrix}$$ 或者 $B=[b_{ij}]$，i，j=1，2，…，n

（3）层次单排序。即在层次分析中由单一判断矩阵计算元素之间相对重要性权重。层次单排序是通过解以下特征值问题得到的：

$$BW=\lambda_{\max}W$$

式中：$\lambda_{\max}$ 为判断矩阵 B 的最大特征根；W 为 $\lambda_{\max}$ 的正规化特征向量，W 的分量 W_i 就是对应元素单排序的权重值。

运用方根法计算判断矩阵的最大特征值 $\lambda_{\max}$：

①计算判断矩阵每行所有元素的几何平均值：

$$\varpi_i=\sqrt[n]{\prod_{j=1}^{n}a_{ij}} \qquad i=1，2，\cdots，n$$

得到 $\varpi=\left(\varpi_1,\varpi_2,\cdots,\varpi_n\right)^T$

②将 ϖ_i 归一化，即计算：

$$\omega_i=\frac{\varpi_i}{\sum_{j=1}^{n}\varpi_i} \qquad i=1，2，\cdots，n$$

得到 $\varpi=\left(\omega_1,\omega_2,\cdots\omega_n\right)^T$，即为所求特征向量的近似值，这也是各因素的相对权重。

③计算判断矩阵的最大特征值 $\lambda_{\max}$：

$$\lambda_{\max}=\sum_{i=1}^{n}\frac{\left(A\varpi\right)_i}{n\varpi_i}$$

其中，$(A\varpi)_i$ 为向量 $A\omega$ 的第 i 个元素。

（4）检验判断矩阵的一致性。通过前面的分析，我们知道，如果判断矩阵 B 具有完全一致性时，$\lambda_{\max}=n$。但是，在一般情况下是不可能的。为了检验判断矩阵的一致性，需要计算其一致性指标：

$$RI=\sum_{j=1}^{n}a_jRI_j$$

当 CI=0 时，判断矩阵具有完全一致性；反之，CI 愈大，就表示判断矩阵的一致性越差。

2.模糊综合评价法

所谓模糊综合评价法，简单地说，就是运用模糊数学和模糊统计方法，通过对影响事物的各个因素的综合考虑，对该事物的优劣做出科学的评价。

（1）模糊综合评判包括六个基本要素。①评判因素论域 U。代表综合评判中各评判因素所组成的集合。②评语等级论域 V。代表综合评判中评语所组成的集合，它实质是对被评事物变化区间的一个划分，如很好、好、中、差、极差等评语。③模糊关系矩阵 R。R 是单因素评价的结果，即单因素评价矩阵。模糊综合评价的对象正是 R。④评判因素权向量 A。A 代表评价因素在被评对象中的相对重要程度，它在综合评判中用来对 R 做加权处理。⑤模糊算子。模糊算子是指合成与所用的计算方法，即合成方法。⑥评判结果向量 B。

（2）模糊综合评价的基本方法和步骤。

①寻找评价因素集：

$$U=[u_1,\ u_2,\ \cdots,\ u_n]$$

②对各个影响因素赋权值。各个影响因素对评价对象的影响程度是不一样的。因此在进行评价时，每个元素的重要性程度也不同。为了使评价更具科学性，对各个因素应分别赋予不同值的权值，组成权值集：

$$A=[a_1,\ a_2,\ \cdots,\ a_n]$$

③确定隶属关系，建立评价矩阵。根据实际情况，寻找因素集中各个元素对备择集中各个元素的隶属关系，建立隶属函数，确定隶属度。单个因素构成一个模糊评判向量，所有单因素的模糊评判向量构成因素模糊评价矩阵：

$$R=\begin{bmatrix} r_{11} & r_{12} & \cdots & r_{1m} \\ r_{21} & r_{22} & \cdots & r_{2m} \\ \cdots & \cdots & \cdots & \cdots \\ r_{n1} & r_{n2} & \cdots & r_{nm} \end{bmatrix},$$

（二）基于模糊层次综合评价法的扩建方案选择

1.AHP 确定指标权重

（1）建立层次结构模型。通过调查扩建方案对项目的影响，认为在进行扩建方案的选择过程中，主要考虑的因素有三个方面：经济合理性、技术可行性、项目服务水平。因此，本书在考虑扩建方案各类影响因素特性的基础上，建立扩建方案选择的层次结构模型，如图 3－1 所示，包括目标层 A、准则层 B、分准则层 C 及方案层 S。

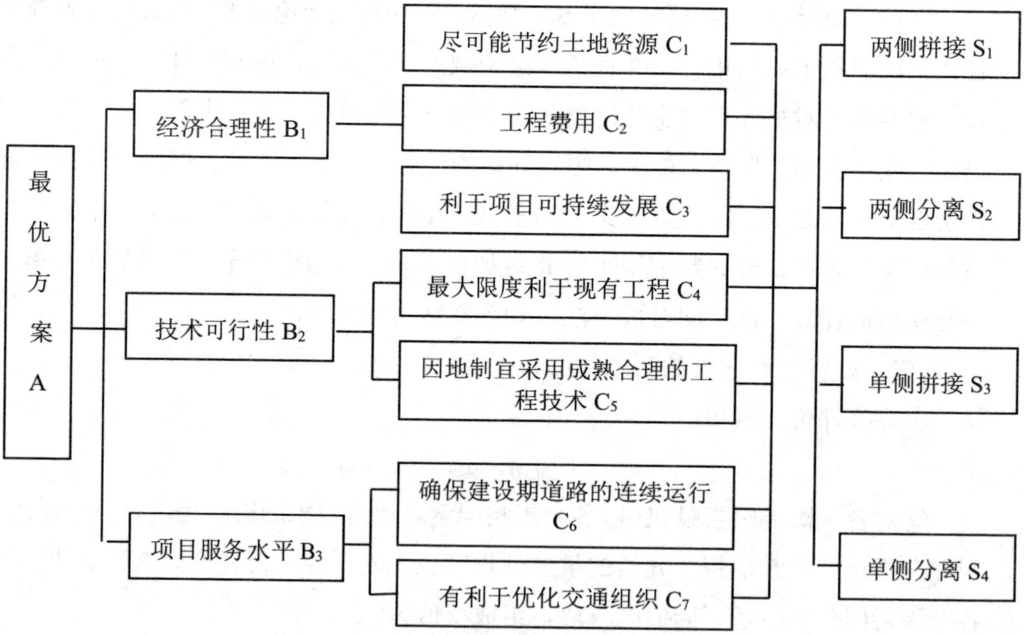

图 3－1　扩建方案选择的层次结构模型

（2）构建两两判断矩阵。建立层次分析模型后，上下两层要素制表间的隶属关系就被确定了。对同一层次要素，用上一级的要素为准则进行两两比较。其比较结果以 1～9 标度法表示，1 表示同等重要，3 表示稍微重要，5 表示明显重要，7 表示强烈重要，9 表示极端重要，每两者之间的中间级别用 2、4、6、8 表示。

第五节　高速公路改扩建其他工程拼接技术

一、路基拼接技术

（一）特殊路基设计

1.软基处理的设计思路

老沪宁路基已施工完成 7 年时间，本路段沿线主要的不良地质问题是软土地基，大部分路段路基以下地基土固结度已达 80%～100%。在此次扩建工程中，新建的拼接路基在未进行地基处理的情况下必然会出现较大的工后沉降，这样就会造成新老路基出现较大的差异沉降，直接导致拼接后的路基出现明显的纵向裂缝，丧失路基的完整性。由此可知，拼接路基的关键在于如何控制新增沉降、减少差异沉降，本次设计中从填料选择、地基处理等方面考虑了多种方案，针对本路段拼宽路基允许总沉降量较小的特点，软基处理不能采用存在较大沉降量的处理方法。因预压排水固结法（如塑料排水板、袋装砂井等）总沉降量过大，容易导致新老路基出现较大的差异沉降，导致老路基产生纵向裂缝、沉陷现象，不宜采用。为了避免新老路基出现较大的差异沉降，以及尽量减少拼接路基荷载对老路基的影响，两侧拼宽路基软基处理以桩基处理为主，形成复合地基。

2.设计标准

为保证新老路基的良好衔接，地基处理按加宽路基计算总沉降小于 15 cm、工后沉降小于 5 cm 进行控制。

3.处理方案研究

（1）新建拼接路基地基处理。

本项目软基处理方案的选择主要从控制总沉降、差异沉降和施工工艺、经济成本等方面进行比较。根据沪宁线软基特点，初步拟订了换填、水泥搅拌桩、CFG 桩（水泥粉煤灰桩）、预制管桩、EPS 轻质材料等处理方案。因为拼接路基临靠沪宁老路基，且拼接路基施工时原沪宁线正常通车，为避免影响老路基稳定性，换填深度不宜过大，因此，对于平均埋深小于 2.0 m 的表层软土层，推荐采用换填处理，经济可行；对于水泥搅拌桩，通过对多条高速公路的实际观测数据的整理分析，并借鉴江苏省软基处理的经验，新建路基地基存在软弱层时，按处理深度不同进行了方案比选：

② 软土埋深 2 m＜H≤10 m；

③ 软土埋深 10 m＜H≤24 m；

③软土埋深 H＞24 m。

（2）老路基处理。

老路基部分地段建成后，出现了较大的工后沉降，少数路段沉降目前尚未稳定，且本次沪宁扩建对路线纵坡进行了一定调整，苏州、无锡段部分路段路基设计标高超出现有路基实际标高值 20～180 cm。这些路段当外侧新建拼接路基采用复合地基进行处理时，会导致外侧路基稳定、内侧路基下沉的不利情况，如果考虑到外侧降低处理强度与老路基变形相适应，一是控制尺度难以掌握，二是对后期运营影响较大，不宜采用该方法。按外侧新建路基工后沉降 5 cm 计算，当老路基加高 20～60 cm 时，附加沉降也在 5 cm 左右，与新建路基基本一致，不会出现老路基沉降大，新建路基沉降小的不利情况；当附加沉降大于 5 cm 后，要对老路基进行处理，初步拟订复合地基与轻质填料两种方案进行比较。采用复合地基处理能消除新增加附加应力的影响，但施工难度大，施工工期长，工程造价明显偏高；采用轻质填料对老路基填土进行 1～2 m 的置换处理，能消除新增加附加应力的影响，与复合地基相比施工进度快，施工便利，工程造价相对较低。经综合比较，确定采用轻质填料对老路基填土进行置换处理。

（二）路基拼接设计

研究表明，路基基底差异沉降对拼接处应力变化最为明显，同时最大拉应力位于路床及路面部分。为了调整新老路基拼接部位的应力状态，保证加宽路基与旧路基的良好衔接，使其成为一个较好的整体，避免或减少横向错台和纵向裂缝的发生，确定采取以下措施：

（1）在填筑加宽路基前先对老路基边坡进行 30 cm 厚清坡处理。

（2）在原路基边坡上开挖台阶（台阶底向内倾斜 2%），同时自下而上，开挖一阶及时填筑一级，并按压实度要求进行碾压，第一级台阶开挖尺寸为150×100 cm，以上各级台阶开挖台阶为100×67 cm，最上一级台阶由老路基边缘向里2.0 m开挖原路床40 cm厚填土。

（3）在路床与基底铺设一定数量的土工格栅，能有效地增强老路基与拼接路基土体间的连接性，限制和协调路基土体的变形，均化荷载，提高拼接路基的抗剪强度，增强拼接路基的整体性。

二、路面结构技术

（一）路面结构研究

1.扩建工程路面结构的研究

2003年，由江苏省沪宁高速公路扩建工程指挥部组织，以沪宁高速公路扩建工程为依托，成立了“沪宁高速公路扩建工程路面结构研究”课题组，对柔性基层沥青路面结构、半刚性基层加厚式沥青路面结构、连续配筋混凝土基层沥青路面结构进行研究。

（1）柔性基层沥青路面。参考国外成功的柔性基层沥青路面使用经验，参照“耐久性沥青路面”的思路，针对沪宁高速公路的特点，进行了柔性基层沥青路面结构研究，提出了两种柔性基层路面结构方案，并进行了室内外试验验证、试验路验证和室内环道试验验证，证明了其良好的使用性能。

（2）半刚性基层加厚式沥青路面。为了提高路面结构的性能，在进行半刚性基层沥青路面结构设计时，采用了较厚的沥青面层。其思路是将半刚性材料作为底基层，与柔性基层结合充分利用柔性基层抗疲劳、抗反射裂缝的优点以及半刚性底基层良好的板体性和承载能力，使路面的综合性能达到最优。由于沥青层总厚度增加，从而提高了路面结构的抗疲劳性能，减少了产生贯穿沥青层全厚的反射裂缝的机会。

2.沪宁扩建工程路面结构的选择

针对沪宁高速公路的特点，课题组提出了四种沪宁扩建工程路面结构。

方案一：柔性基层沥青路面结构方案，沥青层较厚，达到40 cm，抗疲劳能力强；便于利用路面再生材料。下层LSM25可以用乳化沥青冷再生混合料替代，底基层12%石灰土可以用水泥再生二灰碎石废料替代；沥青面层、基层施工结束后不需要养护，施工速度快，便于缩短工期。环道试验表明，抗车辙与半刚性基层沥青路面相当，在几个方案中造价最低，经济性好。

方案二：沥青层较厚，达到 37 cm，且均为 SMA 或 Superpave 沥青混合料，抗疲劳能力较强；面层采用 5 cm 的改性沥青 SMA13，可以提高上面层的抗剪能力；采用 3 层改性沥青，环道试验表明，抗车辙性能最好；便于利用路面再生材料，下层 LSM25 可以用乳化沥青冷再生混合料替代；沥青面层施工结束后，不需要养护，施工速度快，便于缩短工期；级配碎石可以作为排水层，排除渗入路面结构内部的水分。缺点是造价高，初期投资大。

方案三：适当加厚了沥青层厚度，达到 27 cm，可以消除或减少半刚性基层的反射裂缝；设计思想上结合了半刚性基层和柔性基层的特点；造价居中。缺点是半刚性基层养护时间较长，不利于缩短工期；设计中没有考虑路面结构内部排水。

方案四：CRCP 良好的整体强度改善了支承在不均匀基层上的水泥混凝土板的受力性能，而加铺的沥青混凝土面层进一步提高了车辆行驶的舒适性；适用于一些特殊路段，如低路堤段、收费站等。缺点是目前存在设备上的困难，施工难度大；养护时间较长，不利于缩短工期；造价较高。

（二）老路面改建利用研究

沪宁高速公路运营多年后因多方面因素的影响，不少路段出现了不同程度的病害、损坏，2003 年 3—4 月（大修、罩面前）老路面检测弯沉值普遍偏大，已不符合现有规范的要求。前期研究阶段提出了对老路面进行全部改建，保留老路底基层的方案，但该方案类似于新建路面方案，缺少扩建工程的特点。针对扩建后理想的交通分布，研究认为可以引入分车道设计的思想，区别对待新建路面与老路面改建。

1.老路面改建利用的原则

（1）满足弯沉要求。根据 2004 年弯沉检测数据（100 m 代表值）进行路况评价，满足设计弯沉的充分利用，不满足弯沉要求的挖除重建。

（2）结构厚度满足要求。根据先导路段施工情况，老路面结构厚度变化较大，不少路段厚度不满足原设计要求。弯沉满足要求，但结构厚度不满足原设计要求，尤其是基层厚度不满足原设计要求的（厚度小于原设计的 80%）路段，视同弯沉不满足要求，应挖除重建。

2.老路面改建利用的优化

（1）分车道进行路面设计。根据 8 车道高速公路车辆运行特点，扩建工程路面分车道进行设计。自中央分隔带向外第一、第二车道为老路面改建利用车道，按行驶小型车、中型车进行设计第三、第四车道和硬路肩全部新建路面，按行驶大、中型车进行设计。

（2）老路面补强思路的确定。考虑到 2003 年 5—6 月对全线老路面一些明显的病害已加以维修处理，特别是对无锡枢纽以东进行了全面大修及罩面，老路状况得到一定改善，从 2004 年 5 月东段的弯沉检测结果（罩面后）来看，与 2003 年 4 月检测结果比较有了较大提高。

（3）老路面尽可能利用。为了减少工程量，需要尽可能利用老路面。老路面利用要满足基本设计要求，并对现有病害进行充分、适当的处理。

三、桥梁拼接技术

（一）桥梁拓宽的主要设计原则

（1）为了便于新、旧桥梁的拼接，扩建桥梁与相应的原桥孔径相同或相近，但对于斜交跨越等级航道或等级道路的连续梁桥，受桥下通行净空的限制，拓宽桥梁的孔径应对方案进行详细研究后确定。

（2）考虑到高速公路扩建后拓宽桥梁因桥面横坡的延续对桥下净空的影响，维持等级航道和等级道路通行净空标准不变，对于拼宽部分上部结构为 T 梁或箱梁的情况，应采取降低通行孔上部结构建筑高度的措施予以保证；对于拼宽部分上部结构为板梁的，采取降低地方道路标高等措施解决。

（3）病害严重经加固能利用但不易拼接或拼接难度大而技术上又较难克服的特大桥，不做横向拼接方案，采用线位分离方案建新桥。

（二）桥梁拼接的总体方案研究

1.上部结构与下部结构均不连接

为使加宽桥与原桥各自受力明确、互不影响，减小连接的施工难度，桥梁加宽部分与原桥的上部构造和下部构造均不连接，新、老结构之间留工作缝，桥面沥青混凝土铺装层连续摊铺。

该连接方案简化了施工程序，消除了连接的技术问题，但在汽车荷载作用下，两桥主梁产生不均衡绕度以及加宽桥大于原桥的后期沉降，可能会造成连接部位沥青铺装层破坏，形成纵向裂缝和横桥向错台，影响行车舒适性、安全性和桥面外观，增加后期的养护维修工作。

2.上部构造与下部构造均连接

为使加宽桥与原桥形成完整的整体，减少各种荷载（包括基础不均匀沉降、汽车荷载、温度荷载等）作用下新老桥连接处产生过大的变形，减小上、下结构某些部位的内力，将加宽桥梁的上部构造与原桥对应部位横向通过植筋、浇注湿接缝方式连接起来，原桥下部构造的桥墩、桥台帽梁及系梁也通过植筋技术将钢筋和加宽部分新桥相应部位钢筋连接，然后浇筑混凝土，将新老桥梁连为一体。沈大高速扩建工程中，桥梁横向拓宽即采用了上述上、下结构均连接的拼接形式。

3.上部构造相互连接、下部构造不连接

综合上述两个连接方式的优缺点，一般情况下，将加宽桥与原桥上部构造横向相互连接而下部构造不连接，形成第三种横向拼接形式。

在研究了沪宁高速公路扩建工程总体技术要求、已有桥梁的技术状况及施工可行性的基础上，对新、旧桥梁上、下部结构拼接三种方式的优缺点进行了深入分析比较，并考虑到沪宁高速公路沿线地质条件且软基路段较长，桥梁基础沉降量也较大，研究提出，桥梁横向拓宽总体方案应采用上部结构相互连接、下部结构分离的拓宽方案。根据沪宁高速公路桥梁结构的特点，提出桥梁结构的拓宽形式为：

（1）沪宁高速公路桥梁拓宽上部结构型式应与旧桥上部结构型式相同或相近，这样可以保持上部结构受力的一致性。

（2）下部结构型式也应与旧桥下部结构型式协调一致。基本采用桩柱式桥墩；新、旧桥台也基本采用匹配一致的桥台型式。

（3）新拓宽桥梁基础均采用桩基础形式。

（三）新、旧桥梁上部结构拼接的构造研究

在上述横向拼接形式已决定的条件下，需研究的问题是新、旧桥梁上部结构拼接的连接性质，即采用刚性连接还是铰接连接。刚性连接和铰接连接是新、旧桥梁上部结构拼接的两种连接。从桥梁设计理论上讲，刚性连接为一种既能传递

弯矩又能传递剪力的一连接，又称为强连接；铰接连接为主要传递剪力的一种连接，也称为弱连接。在新、旧桥梁上部结构拼接处采用哪一种连接，最重要的问题是在全部作用效应组合下，连接部位混凝土不得开裂。

根据桥梁形式的不同，分别为板桥、梁桥及箱梁桥选择合理的上部结构横向拼接形式，即拓宽部分主梁截面及横向布置合理性研究。横向拼接构造的选用受许多因素的影响，如原有桥梁的承载力和耐久性评价结果、基础沉降规律、上部构造的变形协调要求、桥梁荷载的影响以及施工难易程度等。综合考虑这些因素，依据桥梁的类型决定新、旧桥梁的拼接结构。

第六节 高速公路改扩建工程交通组织研究

高速公路改扩建工程的施工或多或少会影响到现有公路和项目所在路网的交通通行。由于沿线交通源对高速公路的依赖性日益严重，保证高速公路的正常通行是改扩建工程实施的基本前提。如何减少施工期对高速公路交通的影响，是项目改扩建工程设计中的重要内容，也是亟待解决的问题，且交通组织方案既影响施工组织方案，又影响改扩建的工程方案。因此，本研究的主要目的在于：全面分析改扩建工程全过程中对高速公路本身的交通和安全造成的影响与高速公路改扩建工程交通组织的基础条件，运用系统论的方法探讨改扩建工程交通组织设计原则和设计方法，使之逐步形成一个科学、合理、严密、实用的高速公路改扩建工程交通组织设计理论体系，为高速公路改扩建工程交通组织设计提供理论和指导。从而通过交通组织设计，主动组织和引导交通，保持改扩建施工期高速公路本身的正常安全运营。

一、高速公路改扩建交通组织的一般原则

拟改扩建高速公路施工对交通的影响，从技术上讲，主要包括施工占道对交通的影响、交通转移对影响区内相关道路的影响、施工范围内拆迁交通工程设施对交通的影响、施工方法对交通的影响、施工管理对交通的影响及其他施工组织方面对交通的影响等。因此，为了消除或减少这些影响，保证改扩建工程的顺利

进行，高速公路改扩建期交通流组织需要遵循以下原则：

1.通行原则

改扩建施工期间首先要保证高速公路“边施工、边通行”，并且根据道路运行条件，保持一定的道路服务水平。

2.施工优先原则

改扩建施工目的是为了提高道路通行能力和服务水平，在改扩建期内对原有交通流产生干扰是不可避免的。在进行交通流组织时，应优先考虑施工组织方案的便利性，如果过分强调交通流的畅通，会使得施工组织方案无法达到最优，进而影响施工进度，最终将会对原有交通流产生更大干扰。

3.效益最佳原则

在突出施工优先原则的前提下，要协调施工方、道路运营方、道路用户三者之间的利益，在总体上达到效益最佳，以最小的经济成本完成扩建施工。

二、改扩建交通流组织的方法及步骤

高速公路改扩建期交通流组织从整体考虑，分为基于公路网布局的交通流组织、基本路段的交通流组织和关键施工点的交通流组织，可称之为交通流组织的面层、线层、点层。对改扩建高速公路交通流进行组织，首先需要从宏观层面控制扩建道路的交通量，基于改扩建高速公路所在公路网布局，通过交通管制、诱导、分流等措施使整个路网的交通流秩序达到平衡稳定。再从线层和点层交通流组织的角度，根据现有交通量和道路扩建方式，选择合理的施工组织方案，继而进行交通流组织方案的优化。

（一）网层交通流组织的方法及关键问题

1.网层交通流组织的关键问题

基于公路网布局的交通流组织所要解决的关键问题是交通分流，属于宏观层次的交通流组织方案。交通分流的原因是高速公路扩建导致通行能力下降，无法适应正常情况下的交通量需求。交通分流需要基于公路网布局来组织是因为扩建道路和公路网之间存在相互依存和相互影响的关系，因此交通组织方案必须在遵循交通流组织原则的基础上，结合项目所在区域的交通情况和项目的施工组织方案来制订，如图 3－2 所示：

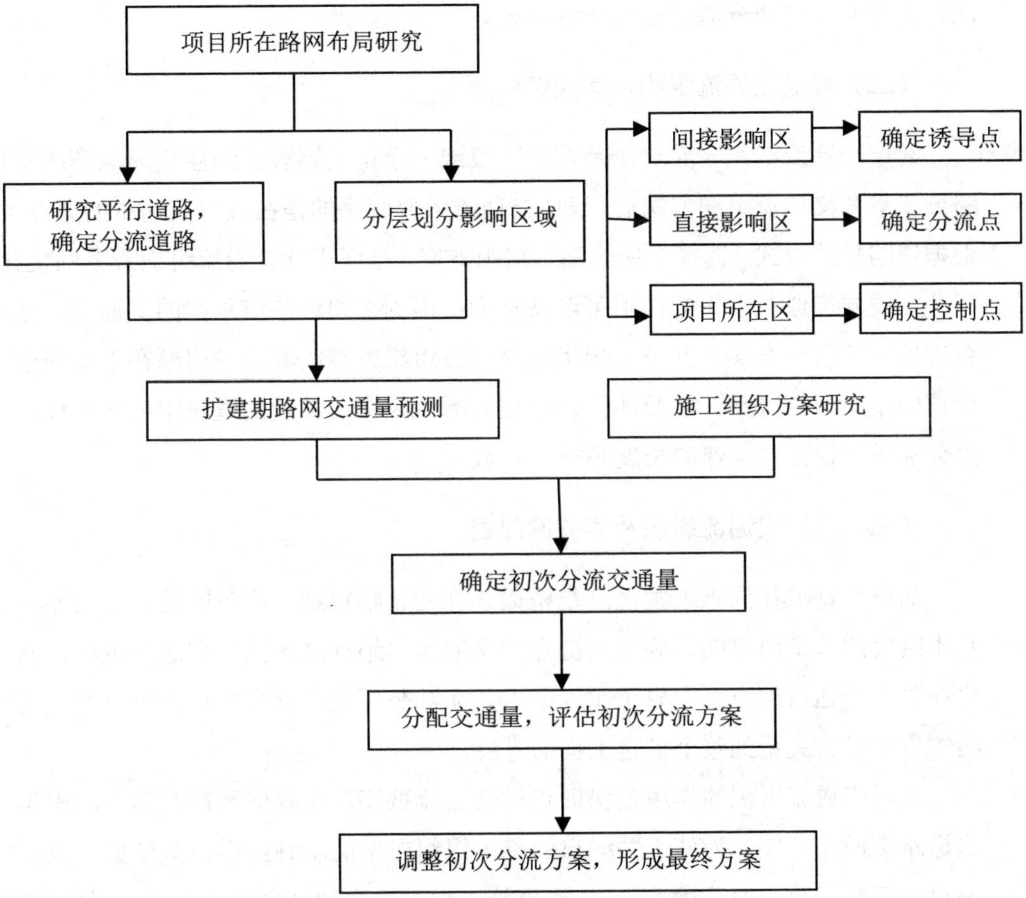

图 3－2　交通组织方案制订的一般步骤

依据上述分析，交通分流需要解决以下几个关键点：一是近期交通量预测，预测道路服务水平；二是交通流组织方法的选择；三是交通流组织方案的效果评价。

2.网层交通流组织的方法及原则

高速公路改扩建期网层交通流组织方法主要有两种，即刚性分流和柔性分流。

（1）刚性分流方法也称之为强制性分流，它采用强制性措施禁止某种车型在改扩建道路上行使或某一时段类禁止车辆在改扩建道路上行使，其交通分流效果较为明显，是交通分流中的主导方法，是常用的分流方法。

（2）柔性分流也称之为非强制性分流，它是基于道路拥挤收费的理论，通过调整不同车型收费费率来影响道路用户的路径选择行为，以达到交通分流或减少某种车型在扩建高速公路交通量中比例的目的。柔性分流作为一种辅助的分流方法，是对刚性交通分流方法的一种补充。

（二）线层交通流组织及其关键问题

线层交通流组织研究对象是基本路段或一个施工路段。网层交通流解决了道路分流量和交通流组织方法后，线层交通流所要解决的是在现有交通量的条件下，根据道路扩建方式，选择合理的施工组织方案，继而进行交通流组织方案的优化。因此，线层交通流组织的作用可以概括为：根据扩建道路应承担的交通量，选择合理的施工组织方案，并进一步优化交通流组织方案。其关键问题在于如何选择合理的施工组织方案，以及如何确定交通流组织中所涉及的道路限速和长度、中央分隔带开口处的限速和长度等技术参数。

（三）点层交通流组织及其关键问题

高速公路扩建的施工关键点是桥梁、立交、收费站、服务区等，它是相对于基本路段的长度而言的。施工关键点的交通流组织称之为点层交通流组织，其优化在整个交通组织方案中属于微观层次，尤其是桥梁、立交的扩建施工和交通流组织方案优劣关系到整个扩建工程的进度。

点层交通流组织的作用是保证点层交通流秩序，主要体现在：第一，根据扩建道路交通流特性，为施工关键点的施工组织方案的制订提供决策依据，减少关键点施工对交通流的干扰；第二，根据施工组织方案制订合理的交通流组织方案，使交通流运行平稳。点层交通流组织关键问题有两点：一是实时交通量预测；二是不同施工关键点的不同施工组织方案下的交通流组织方案。

三、沪宁高速公路改扩建工程交通流组织研究

（一）项目建设背景及难点分析

根据沪宁高速公路在区域路网中的作用及其施工难度来看，其改扩建期交通流组织的难点主要有：

（1）沿线城市对沪宁高速依赖性高，要求沪宁高速扩建期间不中断交通，且

需要提供一定水平的通行条件。沪宁高速公路建成通车后，沿线五市都以沪宁高速为交通主干线，调整了城市总体规划、产业结构布局和区域交通网络布局，使得区域经济与居民出行对沪宁高速有着较强的依赖性。

（2）周边综合交通设施分流能力有限，要求能够充分发挥施工期间沪宁高速的通行能力。在沪宁高速公路扩建之初，区域内高速公路网尚不完善，分流压力基本落在普通国、省干线公路上，路网压力非常巨大，组织不当甚至可能面临路网瘫痪的风险。

（3）过境交通需求大，需要开展大范围路网交通组织。沪宁高速是当时苏南路网中唯一贯穿全境的高速公路，交通构成中有40%是过境与跨区域流量。

（二）交通流组织的方法及原则

沪宁高速公路是苏南的交通骨架，扩建工程与沿线经济发展息息相关，各级政府都给予了高度的关注，在运行状态下进行施工是扩建工程的特点，尤其是沪宁高速公路要求在基本维持通行能力的条件下实施，难度更大。鉴于沪宁高速公路在区域路网中的重要性及交通组织的难度，改扩建工程全线采用对交通流进行强制性分流的刚性分流方法。

在分流对象的选择上，坚持以人为本，确定客运车辆通行为第一优先级，小型货车为第二优先级，大型货车为第三优先级。具体的交通组织原则有：

（1）实行交通分流是降低施工难度，保证公路改扩建工程顺利进行的一项重要措施。但实行交通分流应充分考虑被分流公路的通行能力，在被分流公路不足以承受全部的分流交通时，应考虑采取部分分流措施。

（2）实施交通分流措施时，对区域交通会产生一定影响，因此要求制订完善的施工组织方案，保证影响强度最小和影响时间最短，减少连续影响的路段长度和影响时间。除了减少对被改扩建公路的交通影响外，也要努力减少对区域其他公路交通的影响。

第四章　高速公路改扩建期间交通组织优化

第一节　高速公路改扩建特性分析

高速公路改扩建施工区的道路条件和交通条件的变化趋势都会对驾驶员和车辆运行特性等产生影响。我们只有分析在改扩建期间高速公路的现状交通流特性，并掌握交通流运行特性的变化趋势，才能为改扩建的交通组织方案设计做准备。

一、交通流运行数据采集

（一）交通流数据采集目的

通过对京港澳高速公路石家庄至安阳段交通流的多次观测，获取交通流的相关数据，可以达到以下目的：

（1）通过对高速公路交通特性的了解，分析高速公路改建前交通流运行规律和变化趋势。

（2）预测高速公路改建工程施工交通量，计算交通流相关参数。

（3）为高速公路改扩建期间交通组织方式提供指导，对改扩建施工有很重要的借鉴参考价值，提供安全施工科学方法。

（二）交通调查数据样本确定

1.道路交通量样本容量

根据道路交通量的调查目的不同，样本量可以选取几分钟或者几小时以及一年作为样本。我们可以通过基本抽样方法来选取所需要的数据，其中基本抽样方法包括简单随机抽样、分成抽样以及等距抽样等。依据数理分析和误差分析，分成抽样误差最小，选定方法条件下允许误差最小。由数理统计公式可知，分层抽样基本公式如下：

$$n=\frac{t^2\sigma^2N}{\Delta^2N+t^2\sigma^2}$$

式中：n 为最小观测的样本量；N 为总体容量；σ^2 为计算观测样本量标准差，四车道σ=6.8 km/h，六车道σ=5.2 km/h；Δ为容量误差，其值与置信度要求有关，采用相对误差 E 来控制较合适；t 为置信度百分位限制值，其中置信度为 90%，t 取值 1.65；置信度为 95%，t 取值 1.96；其他不常用可查所得。

2.地点车速样本容量的确定

地点车速采取简单随机抽样方法。根据数理统计的原理可知，所选择样本要在一定的置信区间内。通过预测车速样本量可以得到观测值公式如下：

$$n=\left(\frac{\sigma c}{E}\right)^2$$

式中：n 为最小样本观测值；σ为观测样本量标准差，四车道σ=6.8 km/h，六车道σ=5.2 km/h；c 为满足相应置信区间所对应常数；E 为表示车速的允许误差，一般取决于平均车速，通常取值在 1.5~2 km/h 之间。

二、高速公路改扩建对交通的影响

高速公路改扩建期间，施工区对交通影响包括以下四个方面。

（一）对高速公路本身的交通影响

高速公路改扩建施工必然占用原道路的部分路段，作业施工区由于施工的原因，必须限速通行。这就导致了通行能力下降，出现排队现象，进而影响整个道路的服务水平。高速公路阶段施工会给不熟悉道路情况的驾驶员带来一定的影响，导致交通拥堵。

（二）对周围相关道路交通量与服务水平的影响

高速公路改扩建将会导致道路通行能力下降，道路交通量会或多或少地转移到周边附近的道路交通网上，改扩建工程也会对周边道路网络的道路通行能力和服务水平产生影响。此外，由于交通量的转移增加了附近道路的交通压力，从而增加了周围道路的养护、维修与改造费用。在改扩建施工中，不仅要对施工路段进行交通预测，而且要对周围道路交通网络的影响程度进行分析，避免导致周围路网瘫痪。

（三）对区域经济影响

高速公路改扩建施工需要在整个路网进行，施工期一般很长，短时间内无法完成。对路网上的车辆采取交通分流和对车辆类型的限制以及对行车速度的限制等措施会增加车辆的耗油量、行车延误、出行距离等费用，同时还会对区域车辆出行产生影响，进而对区域经济发展产生一定影响。

（四）对周围环境影响

高速公路改扩建施工对周围环境也有一定的影响。从一方面来说，分流出的车辆会对附近路网产生一定的噪声污染和尾气污染；从另一方面来说，施工区施工车辆的运行会对施工路段车辆产生影响，同样产生噪声污染也会造成一定程度的环境影响；对工程产生的工程渣土、水泥等材料的运输和应用也会对环境产生污染。

三、施工区交通特性分析

（一）交通流特性分析

道路交通流是交通流理论中最基本、最实用的部分，能够很好地反映交通中的复杂现象，对采取适当的交通规划技术、交通管理手段以及交通控制方法都有重要作用。交通流是指通过应用数理统计学原理对道路交通流组成的三参数和相互之间关系进行定性和定量分析研究，从而找出交通流变化的相关规律，为制定交通规划和管理措施起到理论指导作用。速度、交通量及车流密度三参数的变化反映了道路交通流变化。其中，速度和密度反映了交通流在道路运行过程中的服务水平，交通量可以反映可度量车流的数量和对交通设施的需求。除三参数外，还通过车头时距、车头间距、车道占有率等参数间接描述交通流交通特征。

道路交通流参数之间的关系模型是研究交通变化的基本模型，常用的、比较经典的模型有速度—密度模型，包括格林希尔治线性模型（Green Shields）、格林伯对数模型、安德伍德指数模型等。流量—速度模型在道路通行能力和高速公路交通管理中被广泛应用。交通流三参数之间的基本关系式如下：

$$Q = k\overline{V}_s$$

式中：Q 为平均车流量，veh/h；$\overline{V}_s$ 为区间平均车速，km/h；k 为平均车流密度，veh/km。

（二）高速公路施工区形式划分

根据高速公路施工区的不同，对高速公路作业区施工部分进行划分，高速公路改扩建施工作业区可划分为5个区，分别是改扩建上游警告区、上游缓冲区、改扩建施工路段作业区、改扩建下游缓冲区和改扩建下游过渡区。

施工区的区段划分不同，这对道路交通量和道路通行能力有很大影响。在对高速公路施工路段进行交通组织优化时，需要把施工区段的道路特点考虑在内，这样制订的交通组织方案才能解决实际问题。

除此之外，根据车辆在通过施工路段时是否会改变对向车流的流向，可以把高速公路施工区分为不占用对向交通流向的施工区和占用对向交通流向的施工区。

（三）施工区车辆运行特性分析

高速公路基本路段上的车辆分布是均衡、稳定的。在进行改扩建时，由于封闭部分车道，因此高速公路改扩建作业区路段的车辆运行特性也会发生变化。当车辆通过不改变交通流向的高速公路改扩建作业区和改变交通流向的高速公路改扩建施工区时，车辆运行特性具有各自的交通特性。交通运行车队前行状态分为两种：车队各种车型车速相同，车头间距变化不大，稳定车流状态；一种时走时停出现的跟驰现象。

（四）施工区道路特性分析

高速公路改扩建施工期间，道路的特性与高速公路正常运行的路段的路况有很大的不同，如道路环境、道路几何线形、改扩建施工开通的车道数和宽度、两侧道路侧向净宽、交通标志、标线和护栏等。

1.道路环境

高速公路是一个相对封闭的道路交通系统，对驶入高速公路的车辆可以进行控制，确保行驶的车辆不会受外界车辆的干扰。然而在改扩建施工期间，高速公路不再是封闭的交通道路，沿线改扩建区段封闭的围栏将会被拆除，为了施工的便利性，工程施工可能影响到道路交通车辆的通行。没有护栏保护的高速公路会出现或多或少的横向干扰，会给高速公路上的车辆通行带来不便。

2.道路车辆行驶路线

在改扩建过程中，道路线形对车辆行驶的安全、速度和畅通情况都有很大影响，同时还会影响驾驶员的视觉和心理。采取封闭部分车道施工，迫使行驶车辆变换车道行车，就会影响车辆的行驶安全和舒适度。

3.行车道数量和宽度

在进行高速公路道路施工时，影响交通流的主要因素是车道宽度和开放的车道数。高速公路的道路车辆具有多样性，大型车辆车身较长，宽度较大，车道如果设计不合理可能导致车辆延误，增加横向的阻抗，影响道路通行能力，严重影响车辆在车流前行时的超车行为，车辆只能依次保持车头时距前行。在改扩建施工过程中，既要保证施工的正常进行，也要保证道路车辆的正常通行，这样为了施工有足够的施工场地和施工时的便利，会或多或少占用行车道，压缩车道宽度，从而会减少道路交通流，降低道路通行能力，造成交通阻塞甚至瘫痪。

（五）施工区驾驶员交通特性分析

道路交通系统中的人主要指驾驶员、乘客、管理人员及行人。由于改扩建施工路段的特殊交通情况，这里交通系统中的人主要是指施工人员、高速管理人员和驾驶员。当驾驶员驾驶车辆在高速公路上行驶时，必须要根据道路环境、交通标志、标线以及车辆导航系统提供的信息驾驶。

驾驶员在道路系统中占主导地位，这主要体现在两方面：从一方面来说，驾驶员本身具有独立思想，面对复杂的道路和环境，能够采取灵活操作技术适应道路状况，顺利通过施工区；从另一方面来说，驾驶员会根据不同车辆和道路做出不同的驾驶。这样驾驶员在面对道路突发或者紧急情况时，就会出现复杂性、相关性、延续性、随机性、突变性等特征。

第二节　高速公路改扩建道路通行能力分析

一、改扩建施工区通行能力影响因素

施工区通行能力随着道路条件、交通条件以及交通管制条件等的变化而变化，这导致高速公路施工区的道路交通条件与理想条件相差甚远。本节根据研究路段的特点，主要从封闭车道数目、行车道宽度、侧向净空、大型车辆、施工路段长度、车道封闭形式、天气条件、驾驶人对环境的熟悉程度等方面研究影响高速公路施工区道路通行能力的主要因素。

（一）封闭车道数的影响

为了确保施工的正常进行，减小施工对行车道交通流的影响，必须关闭一条或多条行车道。由于车道数减少，封闭车道的车辆合流到其他车道或者变换到对向车辆车道行驶时，就会加大道路交通阻抗，导致道路的服务水平降低。关闭的车道数目越多，车流密度越大，产生排队现象的可能性越大，对道路通行能力的影响就会越严重。

（二）车道宽度及侧向净空的影响

行车道宽度对改扩建通行能力有着重要影响，封闭的车道宽度越大，其道路通行能力就会减小。据调查研究表明，当车道宽度达到某一个数值时，相应的道路通行能力几乎没有影响；当宽度逐渐变窄时，道路通行能力就会慢慢减小。

侧向净空就是从道路中央分隔带边缘到相对应路肩边上的宽度。据研究调查可知，当高速公路左侧路缘带宽度和右侧路肩宽度小于某一数值时，就会影响驾驶员做出判断。驾驶员采取降低车速或者偏离车道驾驶，就会导致车道利用率降低，进而影响到道路通行能力。

（三）大型车辆的影响

我国高速公路上车辆类型比较复杂，大型车辆相对速度较低。我国高速公路中大、中型货车在高速公路交通量中占有较大比例，而不同车辆之间由于材料和发动机等性能不同，就会影响道路车辆的机动性和灵活性。这是造成我国高速公路运行车辆平均车速比较低的重要原因。正是由于大、中型车辆和特大型车辆速度较慢，如果在混合车流中占的比例越大，对小型车的运行速度的影响也就越大。尤其是道路交通量比较大时，如果排队车流中领头车是一辆低速行驶的车，这会导致很难超车，道路车辆不能以期望的车速前行，只能排队依次通行，从而导致整个交通流运行缓慢，通行能力不高。

（四）施工路段限速和长度的影响

为确保正常施工和道路通行的安全，必须对施工区进行限速。适当地限制车速，可以稳定车流，减少交通事故。

高速公路改扩建施工区长度代表着施工强度，也就是施工现场的人员、机械以及材料的运输等都会对高速公路上的车流产生影响。为避免交通事故的发生，车道上车辆驾驶员必须谨慎行驶，降低车速，施工区在一定程度上影响道路通行能力。

（五）天气条件的影响

天气条件一般是指夜间和恶劣天气。为了确保工程质量和施工安全，很少进行夜间施工。为确保工期和施工项目按时完成，进行夜间施工时，会对道路上的车辆产生影响，进而影响道路通行能力。

恶劣天气是指能够影响到道路交通正常通行的天气，一般包括冰雪、大雨、大雾以及大风等天气。据国外相关研究调查数据证明，下雨会导致高速公路养护施工作业区 10%左右的通行能力折减。更恶劣的天气对施工路段道路通行能力影响更甚。

二、高速公路改扩建施工区通行能力的计算

高速公路改扩建工程施工区路段交通条件比一般公路要复杂得多，其通行能力更复杂。一般采取现场观测、模拟再现或者仿真交通场景的方法来研究施工区的通行能力，通常采用现场调查或者基本路段通行能力修正法。在此着重介绍基本路段通行能力修正法。

（一）基于路段基本通行能力修正法

高速公路基本路段通行能力可以采用车头时距法或车头间距法计算。

1.车头时距法

$$N=\frac{3600}{t}\left(\text{辆}/\text{h}\right)$$

2.车头间距法

$$N=\frac{3600}{\frac{v}{3.6}t+\frac{v^2}{254(\varphi+f+i)}+l_{\text{车}}+l_{\text{安}}}$$

车辆长度 $l_{\text{车}}$对小汽车采用 6 m，车市道路采用 5 m，中型车采用 12 m。

（二）观测调查法

在高速公路改扩建期间，对现场交通数据进行调查。调查记录选取高峰小时的交通量。通过实际交通量和车速调查绘制表格，绘制速度—流量曲线，计算出高速公路施工期间的实际通行能力。通过现场人员观测或者视频采集仪统计的车辆，可以算出施工区间的小时交通量。

高速公路改扩建通行能力还受到很多因素影响，如施工方法、护栏类型、施工类型和车道宽度等。在进行通行能力计算研究时，要把各种条件考虑在内，才能得到较为准确的实际通行能力。虽然该方法比较简单，但需要大量数据调查，且数据处理比较烦琐。

第三节　高速公路改扩建交通组织方案

一、高速公路改扩建交通组织方案设计原则

为了使施工交通组织方案达到科学合理的目标，在保证施工区车辆安全通过的前提下完成改扩建工程，实施改扩建进行交通组织优化，要遵循的原则主要有以下几条：

1.安全原则

在高速公路改扩建过程中本着安全第一的原则，不仅要保证公路上行驶的车辆的安全，还要保证施工区域范围内工作人员的人身安全和施工安全。

2.畅通原则

在高速公路改扩建工程施工期间，确保高速公路改扩建施工路段交通量畅通。车辆以限定的车速通过，达到一定的道路服务水平，这可以减少改扩建施工对高速公路运营造成的损失。

3.确保施工进度原则

为了减少经济浪费，达到资源的有效利用，高速公路改扩建是在原有高速公路上拼接的。在施工时，必然会影响该施工路段高速公路的正常运营，导致该路段的通行能力下降，严重影响了该路段的服务水平，所以在保证施工质量的前提下，尽可能提前或者按时完成改扩建工程施工。

二、高速公路改扩建交通组织方案

（一）路基施工交通组织方案

（1）保持护栏不动，将隔离栅向外侧移动；扩建部分在两侧进行，车辆维持在原道路上通行。

（2）路基拼接修建两侧路面至柔性基层，新老路面间设置临时隔离设施，在施工路段转移交通量，实行双向两车道通行，施工路段禁止超车。

（3）施工完成后，设置新的隔离栅、标志、标线等交通设施，完成路基扩建施工。

（二）路面施工阶段交通组织方案

按路面施工方式，当采取全封闭式施工方式时，车流全部分流到周围路网，不需要对施工区进行交通组织优化研究。因此，本小节以部分行车道通行对施工区进行交通组织方案研究。路面对原有交通影响较大，下面以两侧加宽为例，进行方案设计。设计有以下几个方案：

1.方案一：路面分区半幅施工方案

（1）根据施工区间进行分段，根据施工要求，对全线的分布情况进行分段，确定各施工区路段和间隔长度。

（2）路面半幅封闭，道路交通量转移至相对应区段的另一半幅，车辆在另半幅路上实现双向两车道限速行驶，然后进行各施工区段的封闭半幅路面施工，按照新路面的施工标准来完成半幅车道划线，设置防撞护栏以及标志、标牌等设施。

（3）当路面施工半幅完成以后，把交通量转移到路面已经完成的工程半幅，施行双向 4 车道行驶，同时在车道中间设置隔离防撞设施；在未进行半幅施工路面进行施工。

（4）当半幅施工完成后，进行双向 8 车道划线，按照新路面标准设置防撞栏、交通标志牌等交通设施，路段改扩建完成，恢复正常交通。

2.方案二：设置过渡路面，进行分幅施工方案

（1）半幅正常行驶，对另外半幅限速行驶，对施工限速半幅拼接临时路面，使限速路面变成双向 4 车道通行。

（2）把半幅交通量全部转移到新拼接路面上，对该半幅路面进行施工处理，同时按照路面修建标准对半幅车道进行划线，设置防撞护栏以及标志、标牌等设施。

（3）将交通量转移至已经完成道路施工的半幅，实行双向 4 车道行驶，另半幅路面进行施工。

（4）改扩建施工完成，对双向 8 车道进行交通标志标线的设置，完成高速公路交通辅助设施施工，车辆可在双向 8 车道上正常行驶。

3.方案三：车辆双向正常行驶，双侧同时施工

（1）两侧加宽同时施工，车辆在原来的道路上行驶，压缩部分原来车道的临时隔离设施，在施工区路段不允许超车。各车辆在各自车道运行，并设置交通标志。

（2）将原路面上行驶的车辆转移到两侧新建的道路上行驶，压缩部分新路面内侧车道并设置隔离设施，同时规定大型车在外车道通行，施工路段禁止超车变道。

（3）在相对路面设置交通标志、标线等交通设施，车辆在双向 8 车道上行驶，该路段改扩建工程完成。

（三）立交施工阶段交通组织方案

对于在两侧直接拼接、局部分离加宽的高速公路改扩建互通式立交的扩建主要有以下几种方案可供选择：

1.方案一：以单侧加宽，单喇叭形互通式立交为例

（1）在保证满足规范的条件下，对原有的喇叭形保持不变，利用原有匝道，外侧加宽，修建便道。

（2）封闭半幅车道，利用临时便道和另半幅车道上下高速公路，对原有路面进行施工。

（3）同时将原有便道拆除，车流量转移到另半幅车道，封闭车道，修建临时便道。如需要可重铺原有路面，车辆从临时变道通过。

（4）把临时便道拆除，配置相关交通设施，互通式立交施工完成。

2.方案二：以两侧加宽，以喇叭形互通立交为例

（1）改扩建前期，完成互通区域主线两侧路基、路面、桥梁以及半幅驶出匝道和另半幅驶入匝道，并修两条临时便道。

（2）改建半幅驶出匝道和另半幅驶入匝道，用修建的临时便道代替改扩建部分通行。

（3）拆除临时便道，在施工老路路面部分，车辆通过改建好的匝道行驶。

（四）大、中型桥梁交通组织方案

在高速公路改扩建工程施工中对于桥梁构造物一般采用直接拼接的加宽方式。对于大、中型桥梁，由于技术复杂，影响因素众多，因此要在改扩建过程中用科学的方法和技术进行多方案比较确定最优方案。下面介绍几种交通组织方案。

1.方案一：单侧加宽

（1）车辆在原桥梁通行不变，保留原桥梁护栏，桥梁实行双向 4 车道通行。在桥梁拓宽部分进行基础及下部结构施工和各种梁板预制、吊装施工。

（2）桥梁拓宽部分进行桥面铺装施工。对加宽侧新建桥梁部分进行护栏等安全设施的配备、标志标线等的设置。

（3）将通行车辆全部转移至加宽侧桥梁，对原有的护栏、隔离带等设施进行拆除，在原有桥面结构施工。此时车辆在新建完工桥面的 4 个车道上双向通行。

（4）对桥梁拓宽部分与桥梁中间部分进行搭接施工。

（5）桥梁拓宽改建工程完成，此时护栏、交通标志、标线等交通设施配备齐全，车辆可以正常通行。

2.方案二：两侧拼接

（1）对桥梁两侧拓宽部分进行下部结构和上部结构梁板预制、吊装施工，其间施工路段交通量利用桥梁双向 4 车道通行。

（2）桥梁拓宽部分桥面拼装施工，双向 4 车道行驶。

（3）挖除桥梁原有路基，进行桥梁加长施工。施工期间 4 车辆通过新建桥梁路面通行。

（4）对桥梁拓宽部分与桥梁中间进行搭接，利用外侧通行。

（5）桥梁改扩建完成。道路配置相应交通设备，车辆正常通行。

三、高速公路改扩建节假日期间交通组织优化

（一）路网交通分流交通组织

通过对节假日期间高速公路的交通流量进行预测和监控，做好交通分流方案。鉴于节假日期间小型汽车比例相对较大，小型汽车的车速相对较快，机动灵活性强，占有道路资源相对较多，对小型车辆采取分流交通组织方案。根据周围交通路网分布，根据道路车辆出行的目的地远近不同分配到不同的路网上实现提前分流，分为路网远点分流和路网近点分流，从而大大缓解了高速公路改扩建路段道路的交通压力。

（二）道路限速交通组织

根据高速公路改扩建施工区必须对通过车辆进行全线限速通行，严格控制车头时距。在不同施工路段可以采取局部限速和分车道限速的方式，确保现有的道路通行能力。如对于通过大、中型桥梁，互通式立交等局部地区时需要局部限速，当不同车型在道路上行驶时，严格限速，确保节假日期间高速公路改扩建正常进行。为确保施工区道路交通流的稳定有序，减少交通事故率，对高速公路进行改扩建施工区道路车辆限速是必不可少的。

（三）施工路段交通事故应急交通组织

针对施工路段突发交通事故，为了避免交通长期阻塞或者出现特殊天气状况，已经驶入的车辆必须减速缓慢通过，其他车辆禁止通过。在经过互通式立交时，可以分流绕行周围路网缓解交通拥堵。在节假日期间，做好道路巡查工作，准备随时投入应急救援。对于出现车辆事故等紧急情况时，及时通过拖车清理现场，运送到服务区，保证改扩建期间道路交通的正常通行。

第五章　普通干线公路加宽改扩建技术

第一节　普通干线公路改扩建方案研究

一、改扩建方案的原则

普通干线公路改扩建方案的选择既要满足交通部国道网的总体规划要求，又要满足本区域干线公路网发展和道路服务水平的要求，因此，具体改扩建方案的原则主要有以下几个方面。

（一）选择对既有道路交通影响小的方案

普通干线公路往往交通量较大，不具备全封闭施工的条件，施工期间要保证工程施工与正常交通相协调，尽量满足基本交通需求，降低施工期间交通影响，维持正常交通的稳定和通畅。因此，保持既有道路的正常运营是选择改扩建方案的基本原则。

（二）选择对沿线土地资源影响小的方案

普通干线公路两侧往往经济较为发达，许多民用建筑、工业厂房都紧临既有道路布置，造成沿线土地资源紧张，减小沿线征地拆迁数量也是改扩建方案的重要原则。

（三）选择便于道路运营养护的方案

扩建方案的选择不仅要考虑工程的施工，还要考虑未来道路竣工的运营和养护。

（四）尽量利用既有结构，控制工程规模

在满足规范标准的前提下，充分利用既有结构物，通过安全、经济、实用的方式，实施最有效的工程方案。

（五）体现技术先进，方案可靠的原则

由于既有普通干线公路建设时间较早，既有道路现状反映的是当年的建设水平，改扩建方案的选择要充分反映当前的设计水平，重视采用科研新成果、新工艺、新材料，提高拓宽改建工程的技术水平，同时要兼顾拓宽改建部分与原有结构的一致性和协调性。

二、普通干线公路基本改扩建形式研究

公路工程改扩建根据不同的地质条件、资源环境、管理制度，所选择的扩建形式也会不同。如美国土地资源丰富，干线公路修建初期即进行中间预留，为需要扩建时预征土地，降低改扩建的实施难度。而日本土地资源稀缺，扩建时就需要利用硬路肩作为车道逐步向两侧拓宽，甚至在既有道路上方采用高架的方式进行扩建。

我国在已扩建或正在扩建的干线公路中，多为利用既有道路向两侧拓宽，条件受限路段采用分离拓宽形式。

（一）项目基本改扩建形式

结合国内外已实施的干线公路改扩建项目，改扩建形式主要有单侧拼接、单侧分离、两侧拼接、两侧平面分离、组合拼接等拓宽形式。

1.单侧拼接拓宽

单侧拼接是利用既有道路的中央分隔带，将旧路作为扩建后道路的半幅使用，并重新划分车道（并根据情况调整横坡），同时在旧路一侧新建道路进行拓宽，拼接成完整路基，如图 5－1、5－2 所示。

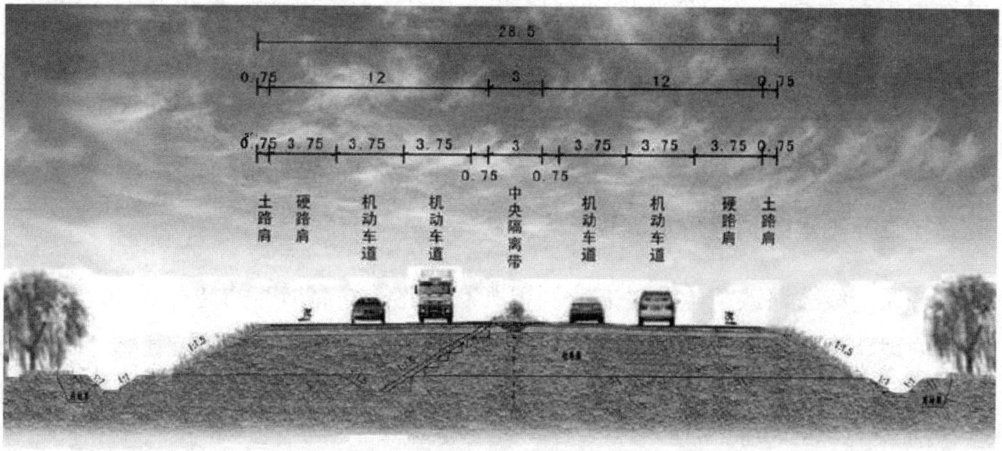

图 5－1　单侧加宽断面

图 5－2　单侧加宽平面

由图 5－1、5－2 得知，单侧拼接拓宽方式存在以下几个问题：

（1）既有道路横坡调整问题。由于既有道路通常为双向行车，调整为单向行车后，旧路横坡需要相应调整。

（2）净空不足问题。由于旧路横坡的调整，势必增加道路中线设计高程，可能造成拓宽后净空不足。

2.单侧分离拓宽

单侧分离以既有道路为半幅路基，在其一侧通过完全分离或以中央分隔带隔离的方式新建半幅路基。根据分离新建路基的纵断面与旧路是否一致，单侧分离又细分为单侧平面分离和单侧平、纵分离两种拓宽形式。

为了回避单侧拼接拓宽带来的诸多技术问题，单侧分离拓宽的这两种形式可以不再对既有道路的横断面进行调整。因此，采用单侧分离拓宽形式可以有效解决出现的净空问题，但在改扩建工程实施中，单侧分离的形式造成同向路基分离，车道划分也需根据拓宽进行相应调整，导致道路出现非标准横断面，相应的交通组织也会面临问题。

（二）基本改扩建形式比较

普通干线公路改扩建就是充分利用既有道路，提高旧路的通行能力。不同地区不同现状环境公路改扩建形式必然不同。通过上述不同公路拓宽拼接方式的研究，普通干线公路基本改扩建形式比较见表5－1：

表5－1　普通干线公路基本改扩建形式比较

加宽方案		优　点	缺　点
单侧拓宽	原有公路的路基一侧对拓宽部分的路基直接拼接	1.新拓宽部分平纵线形与旧路保持一致； 2.不拓宽侧的路基防护、排水沟等设施可以利用； 3.施工对老路的交通影响小； 4.施工期间临时工程少、临时占地少； 5.桥梁等构筑物设计施工方便	旧路为双向横坡，需相应调整
双侧拓宽	原有公路的路基两侧对拓宽部分的路基直接拼接	1.基本保持了旧路的几何线形，平纵面与旧路协调； 2.新、旧路幅横断面能有效组合，横断面可相应保持，利于路面排水	1.新、旧路基之间的差异沉降控制困难，影响运营效果； 2.路基两侧的防护、排水沟等均要拆建； 3.桥梁加宽较困难； 4.施工期间对老路干扰较大； 5.施工期间临时工程较大、临时占地较多； 6.现有路面中间增设分隔带，要废除部分路面
组合拓宽	单侧拓宽与双侧拓宽的组合	遇到加宽条件困难时可以灵活处理	1.拓宽组合多种变化，平面线形要重新拟合； 2.工程规模大，占地多

第二节　普通干线公路新、旧路基拼接技术研究

普通干线公路拓宽改建工程完成后，新、旧路基拼接处极易出现差异沉降和纵向裂缝，对道路的使用性能产生影响。新、旧路基拼接后如何产生相互作用，如何确定拼接后路基内部的应力分布，特别是如何确定拼接后路基的变形特性等，目前国内对此研究均不明确。而公路相关的设计和施工技术规范对于路基拼接形式、处置措施均无明确的技术要求。因此，普通干线公路新、旧路基的拼接技术是目前公路改扩建工程迫切需要研究的关键技术之一。

一、新、旧路基拼接处病害成因

公路改扩建后常见的病害主要是裂缝，该病害的表现形式多种多样，但受道路拓宽拼接方式的影响，对道路破坏最为严重、发生最多的是纵向裂缝。其他裂缝形式还包括横向裂缝、块状裂缝和网状裂缝等。

新、旧路基拼接处当位于行车道时，拼接处路基当受浸水潮湿时易发生形变，从而加剧拓宽路基沉降，导致产生更多纵向裂缝。受公路施工特点影响，施工时由于施工车辆多行驶在旧路上，导致新、旧路基拼接处两侧路基的荷载不一致。而单侧加宽方式拼接处多处于改建后道路中心线位置，道路中线附近产生纵向裂缝对于工程质量危害最为重大，其位置如图5－3。

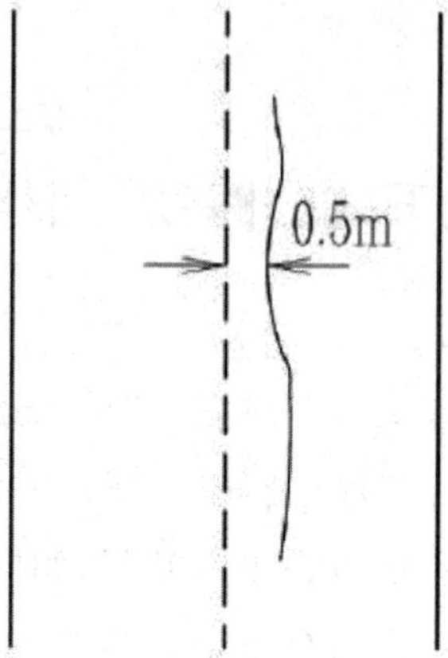

图 5－3　纵向裂缝

交错裂缝属于尚在发展期病害，相对纵向裂缝危害较小，其位置如图 5－4。

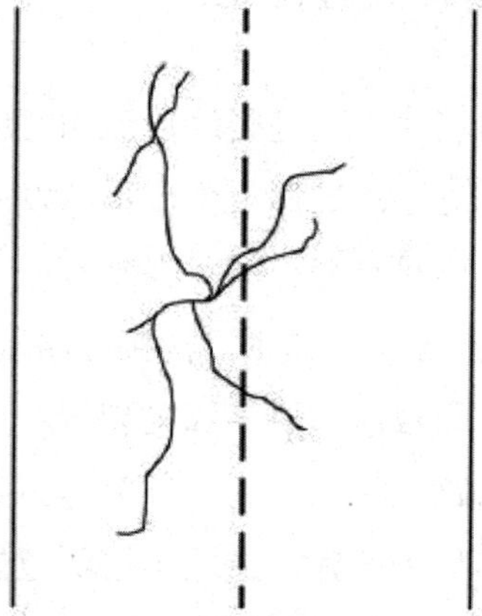

图 5－4　交错裂缝

二、新、旧路基不均匀沉降

（一）模型的假设条件

（1）模型采用由 12 m 拓宽为 28.5 m 的路基宽度，相同的填土高度进行双侧拼接和单侧拼接两种方式的对比研究。

（2）由于道路纵向等宽，取单延米范围进行模拟，将空间模型转化为平面模型，采用二维平面模型进行模拟。

（3）模型单元采用 CPE8R 型八结点双向二次平面应变四边形单元，材料采用扩展的线性 Drucker-Prager 模型。

（4）假定旧路基固结变形完成设置。

（5）模型约束设置为：基础两侧水平约束，基础底部水平和竖向约束。

（6）考虑路基自重荷载及路面荷载等效荷载。

（二）模型的几何参数

目前普通干线公路拓宽改扩建工程中常见的加宽方式主要是单侧拓宽和双侧拓宽。为分析不同加宽方式下新、旧路基的变形性状，在旧路基基础上分别取总宽度相同的加宽宽度下，对单侧加宽和双侧等宽加宽方式进行计算与分析，加宽宽度均为双向二车道拓宽为双向四车道，单侧加宽时为 16.5 m，两侧加宽则各加宽 8.25 m。

三、G205 国道天津段路基拼接方案

根据对公路拓宽改建后的运营评价和调查，拓宽改建工程发生的病害主要受新、旧路基拼接方式选择不当的影响。因此，选定何种拼接方案是 G205 国道天津段改扩建工程所面临的关键问题。通过对项目所经区域及旧路现状的详细调查，发现影响方案选定的主要因素是地形地质条件、拓宽范围、新路填挖形式、新、旧边坡类型等。

（一）非软土地基单侧加宽

（1）挖方单侧加宽方式。

（2）填方单侧加宽方式。

（3）单侧挡墙加宽方式。

（二）软地基单侧加宽

要保证软基路段的拓宽改建质量，减小新、旧路基的差异沉降，其下软基处置是最关键的问题。为解决新、旧路基差异沉降的问题，通常考虑以下两个方面：

一方面加固软土地基，提高地基承载力和刚度，从而减小差异沉降的发生，而设计出经济和技术上都可行的处治方法则是关键；另一方面是减小路基荷载，创新路基填筑材料，使之既能满足地基承载能力又具有轻质的特点，从而减小对软基的附加应力，减小差异沉降，这些都涉及软基处置优化选择的问题。

第三节　普通干线公路新、旧桥梁拼接技术研究

一、普通干线新、旧桥梁拼接技术现状

新、旧桥梁结构之间的拼接方式是桥梁拓宽改建的关键技术，在国内外干线公路桥梁拓宽改建工程中，桥梁拼接通常有以下三种方式。

（一）上下均不连的拼宽模式

新、旧桥梁上部构造之间与下部构造之间均不连接，仅在新、旧结构之间预留工作缝，通过桥面铺装层进行连续摊铺。这种拼接方式使新、旧桥梁各自独立，受力明确，相互之间不产生影响，可以避免由于新、旧桥梁收缩徐变和地基沉降差异等因素产生的影响。同样，由于新、旧桥梁上部结构分离，改建后旧桥主梁承载能力并未因此而得到增强。因此，该方式多用于拓宽桥梁部分可做单独一幅的桥梁，对于大跨径的连续桥梁，因其收缩徐变与不均匀沉降都较差，也同样适用。

（二）上下均连接的拼宽模式

新、旧桥梁上部构造之间与下部构造之间均连接。新、旧桥梁上部之间通过设置横向植筋、后期浇筑连接起来；下部之间也通过植筋将墩台盖梁、系梁等结构连接起来，再进行整体浇筑。这种拼接方式使新、旧桥梁受力均匀，旧桥上部结构受力得到改善，若新桥上部结构的刚度大于旧桥则改善更为明显。该方式同样可以避免由于新、旧桥梁收缩徐变和地基沉降差异等因素的影响。这种拼接方式具有将新、旧桥梁形成整体，保证较好的共同受力，但同时形成整体也会导致产生较大的附加内力，容易产生裂缝。此种拼宽方式受旧桥的影响较大，旧桥主

梁一定程度上影响新桥主梁的收缩徐变、地基沉降变形。如果新、旧桥梁连接处产生约束作用过大，连接面处将会产生裂缝等一系列病害，影响桥梁的质量安全；过多地使用植筋，增加了施工难度，也相应增加了工程成本，不利于工程的推进。

（三）上部连接下部不连接的拼宽模式

新、旧桥梁上部构造之间连接，下部构造之间不连接。通过对以上两种拼宽模式的分析与研究，它们各有优缺点，单独使用哪一种都不是最理想的。为了保证新、旧桥梁下部结构受力互不影响，又能保证上部结构产生的内力影响很小，本书采用了新、旧桥梁的上部彼此连接、下部不连接的连接方式对桥梁进行拓宽改建的研究。

二、新、旧桥梁分析的原则及参数

（一）总体原则

分析典型桥梁拓宽后收缩徐变以及不均匀沉降对新、旧桥梁拼接处的影响，深入分析拓宽后桥梁本身内力分布的变化。

（1）通过比选以上桥梁拼接方式，本书在对桥梁结构进行计算分析时，采用拓宽桥与旧桥上部结构彼此横向连接而下部构造不连接的拼接方式。

（2）在进行上部结构拼接时，横断面的布置原则最好不凿除下部结构。

（3）上部构造采用部颁标准图。

（二）计算参数及结构承载力公式的确定

1.恒　载

（1）一期恒载。包括主梁、横梁等材料重量。混凝土容重取 25 kN/m^3。

（2）二期恒载。为墙式防撞护栏、人行道栏杆及桥面铺装。经计算，人行道及栏杆重量取 10 kN/m，防撞护栏重量取 15 kN/m，混凝土铺装层容重取 25 kN/m^3，沥青混凝土铺装层容重取 23 kN/m^3。

2.温度力

计算中连续梁结构整体近似取体系升温 20℃，体系降温 20℃。

3.结构承载力公式及承载力折减系数

据《公路桥涵施工规范 2004》，在进行桥涵设计时，基本原则是荷载效应最不利组合的设计值小于或者等于结构抗力的设计值，并选用《公路桥梁承载能力检测评定规程》中的承载力折减系数。本书所用的主梁结构承载力计算公式为：

$$S_d\left(r_g G, r_q \sum Q\right) \le r_b R_d\left(\xi_c \frac{R_c}{r_c}, \xi_s \frac{R_s}{r_s}\right) Z_1\left(1-\xi_e\right)$$

三、G205 国道天津段项目桥梁拼接方案

经过对干线公路新、旧桥梁拼接技术现状的对比，在工程中应用较为广泛的是上部连接、下部不连接的桥梁加宽拼接方式，其在沉降影响较大的地区被普遍采用。

（一）预制箱梁桥加宽断面

新拓宽桥梁上部结构采用与旧桥现状一致的箱梁结构。上部结构采用 20 m 预制箱梁，梁高均为 1.4 m。现状桥梁全宽为 11 m，拓宽改建后桥梁全宽为 14 m。

（二）预制箱梁桥加宽方案

1.混凝土铰接

采用混凝土铰缝进行湿接缝连接，首先将旧桥拼接侧悬臂凿除 0.1 m，并对断面进行凿毛，在新、旧梁将进行拼接的悬臂外侧 0.8 m 范围内，通过预埋钢筋与植筋的方式进行焊接连接，并浇筑成为混凝土铰型湿接缝。

2.钢板搭接

采用预留 0.02 m 缝隙并通过钢板搭接形成整体。本方案对新梁预制精度要求较高，与旧梁之间仅预留 0.02 m 间距，其间填塞沥青玛蹄脂，新、旧梁两侧各 0.75 m 范围分别粘贴搭接钢板，按 1～2 m 间隔布置并进行相应焊接。

3.弱性刚接

采用湿接缝方式拼接，与方案一的施工方法一致，不同之处仅为湿接缝内不设铰，拼接约束不同。

（三）预制箱梁桥加宽方案对比

上述三种拼接方案均是湿接缝连接方式，但连接强度和约束各有不同。拼接方案对比详见表5－2。

表5－2　拼接方案对比表

连接方式	方案一 混凝土铰连接	方案二 钢板搭接连接	方案三 弱刚性连接
优 点	1.微小沉降对原桥影响较小； 2.可减少连接处不规则裂缝； 3.可协调新、旧桥由于行车引起的不同步振动，有利于结构安全	1.整体共同受力好，新建部分的不均匀沉降对原桥的影响较小； 2.同一断面新、旧桥活载会产生不同挠度，可以通过钢板协调变形	1.整体性好，确保新、旧结构整体共同受力； 2.加宽后桥面美观、行车舒适； 3.后期养护成本低
缺 点	1.施工工艺较复杂； 2.可能因新、旧桥连接处位移过大而导致桥面铺装纵向开裂，影响使用效果； 3.纵向开裂后养护费用较高	1.在反复活载作用下钢板的锚固存在一定的问题； 2.钢板翘曲脱落可能造成该处桥面沥青混凝土铺装损坏； 3.钢板变形振动噪音不易控制	连接后，加宽桥与原桥产生不均匀沉降时，对加宽桥与原桥影响大，对不均匀沉降要求较高
评 价	一般比较方案	一般比较方案	较好推荐方案

第六章　拓宽后桥梁结构相互作用分析

第一节　桥梁拓宽方法研究

国内外调研资料表明，拓宽桥梁主要有单侧拓宽和双侧拓宽两种方式，新、旧桥梁衔接主要采用连接和不连接两种方案。虽然以上加宽方式在国内外改扩建工程中均有涉及，但是就其技术特点及适用范围而言，均未给出系统说明。因此，本章将在广泛搜集资料的基础上，比较分析不同拓宽方式及衔接方法的特点，并系统阐述其各自的适用性，最终根据依托工程的结构特点，给出桥梁拓宽建议。

一、桥梁拓宽方法研究

目前国内外旧桥拓宽中，其拓宽形式的选择应与原有公路路线的拓宽相适应。根据大量实践工程可知，旧桥拓宽方法主要有单侧加宽和双侧加宽两种。单侧加宽是平行原桥另建一座新的桥跨结构，以提高原有桥梁通行能力和承载能力的方法。双侧加宽是在老桥两侧同时进行桥面拓宽，以提高原有桥梁的荷载等级和使用性能的方法。双侧加宽的形式主要有增设独立边梁作为人行道，以及增设大边梁来拓宽旧桥桥面和提高旧桥承载力。

（一）桥梁拓宽横向连接方式

目前，在我国高速公路桥梁拓宽中，新、旧桥梁横向连接主要有以下两种方案：

1.新、旧桥梁不连接

新、旧桥梁不连接就是新、旧桥梁的上、下部结构均不连接，这种拼接构造有以下两种方式：

（1）新、旧桥主梁和桥面铺装均不连接，即在新、旧结构间留一条纵向接缝。综合国内外关于纵向接缝连接的工程实践，纵向接缝连接构造有以下三种处理方式：第一，在两桥中间留 1 cm 宽的纵向锯缝，并用木板条和沥青填充，两桥台之间留 2 cm 宽的变形沉降缝。第二，采用钢板包边，此连接方式需要采用刚性路面。第三，设置纵向伸缩缝，在欧洲和中国香港运用比较成功。

（2）新、旧桥主梁不连接但桥面铺装相连接，即在纵缝左右一定范围内重铺桥面铺装，在纵缝上布置横向钢筋来实现新、旧结构的连接。这种连接方式要求结构跨径较小，相对挠度较小，否则桥面易开裂。另外，这种连接方式也可用于新、旧桥梁结构形式不一致的桥梁拓宽拼接中，如旧桥为拱桥而新桥为梁桥的情况。

2.新、旧桥梁连接

新、旧桥梁连接有两种方案：新、旧桥梁的上部和下部均连接；新、旧桥梁的上部结构连接，下部结构不连接。

（1）新、旧桥梁的上部和下部均连接。拓宽部分主梁的上部结构与原桥主梁对应部位横向通过植筋、浇注湿接缝等方式连接起来，原桥下部结构的桥墩、桥台帽梁及系梁也通过植筋技术将钢筋和拓宽部分新桥的相应部位钢筋连接，然后浇筑混凝土，将新、旧桥梁连为一体。沈大高速公路扩建工程中桥梁横向拓宽即采用了上述上、下结构均连接的拼接形式。

（2）新、旧桥梁的上部结构连接，下部结构不连接。将拓宽桥梁的上部结构与原桥对应部位横向通过植筋、浇注湿接缝等方式连接起来，桥梁下部结构的桥墩、桥台帽梁及系梁不施行连接。

结合国内外调研资料，拓宽桥梁横向连接方式比较见表 6－1 所示：

表6—1 新、旧桥梁横向连接方式比较

加宽方式＼优缺点		优 点	缺 点
新、旧桥梁不连接	桥面铺装层不连接	新、旧桥梁各自受力明确、互不影响，简化了施工程序，减小连接的施工难度；避免由于新、旧桥梁收缩徐变和基础沉降差异在连接部位产生的影响，基本不影响原高速公路交通	当桥梁荷载标准提高时，原有主梁的受力增大，自身的承载力有可能不满足要求
	桥面铺装层相连接	施工较方便；成桥后桥面保持平整，在一定程度上避免新、旧主梁的挠度差对桥面平整度的影响	仅靠桥面板相连，连接面较为薄弱，当新、旧梁的挠度差较大，就会引起连接面的破坏，产生沿连接面的纵向裂缝
新、旧桥梁相连接	上部、下部构造均连接	加宽桥与原桥形成完整的一体，相比较而言减少了各种荷载（包括基础不均匀沉降、汽车活载、温度荷载等）作用下新、旧桥连接处的不均衡变形，减小上、下部结构的附加内力，使得拼接后桥梁整体性较好	新桥与旧桥的上部混凝土梁变形如收缩、徐变等不一致，加宽桥基础沉降大于旧桥基础沉降，由此产生的附加内力较大，易造成下部构造的盖梁、墩台连接处产生裂缝；上部构造连接处也可能出现裂缝，影响行车、桥面美观性，增加维护工作量。而且下部结构采用植筋技术工程成本高，施工烦琐
	上部构造连接，下部构造不连接	加宽桥与原桥上部形成整体，而下部各自受力，上部结构连接对下部结构产生的内力影响很小	新桥与原桥的上部材料的变形（如混凝土收缩、徐变等）不一致，加宽桥基础沉降大于原桥基础沉降，由此产生的附加内力不可能完全被克服，还是对结构有一定的影响，施工时对施工工艺、施工组织的要求较高，通车也有一定的影响

（二）桥梁拓宽横向连接构造

1.上部结构横向连接构造

新、旧桥梁主梁连接有两种情况：第一种将老桥外边梁换成中梁，进行新、旧桥的连接；第二种将移换旧桥边梁，作为新桥的边梁，旧桥的次边梁与新梁拼接。新、旧主梁拼接时，其横向连接构造主要有以下三种方法：

（1）新、旧主梁刚接。新、旧主梁刚接时接缝处需增设横隔板。不仅桥面板需要连接，铺装层也应连成整体。新、旧主梁刚接能确保拓宽部分桥梁与旧桥连接顺畅、行车舒适、桥面的平整度良好，并能使新、旧桥保持良好的整体性，保证新、旧桥梁共同受力。但新、旧主梁刚接也存在如下不足：施工时旧桥仍需要维持交通，行车使桥梁反复上下振动，与旧桥连成整体的钢筋容易对连接部位混凝土质量造成影响，施工难度较大；拓宽后新加宽部分桥梁的基础会随着时间的推移不断发生沉降，直接影响到连接部分桥面结构受力；新、旧主梁刚接后，使其横向是一个高次超静定结构，由于温度、收缩、徐变产生较大的结构次内力，特别是由于新、旧桥混凝土龄期的不同，在长期运营过程中，会由于车辆在新、旧桥上行驶的频率不一致而造成振动差异，以及由于徐变次内力不断变化，使结构不断进行内力重新分布，从而使结构受力复杂。因此，新、旧桥刚接后，连接部位在复合荷载的作用下很容易造成混凝土出现纵向不规则裂缝，降低结构的耐久性，影响桥梁的寿命。

（2）新、旧主梁半刚性连接。它指在新、旧接缝部位设置装置，使该装置能传递一定的竖向剪力，并具有一定的转动刚度；再在桥面铺装层上进行刚性连接。半刚性连接既能较好地解决收缩徐变、温度变形和基础不均匀沉降引起的开裂，同时也具有相当的刚度，在接缝位置出现挠度差较小，能够保证桥面平顺，行车安全。

（3）新、旧主梁铰接。它指把老桥边梁悬臂部分的混凝土凿除一部分，露出钢筋，在新桥边梁内预埋钢筋。将边梁预埋钢筋与老桥边梁露出的钢筋进行焊接，然后浇注混凝土，连成整体。

通过设铰，允许新桥和旧桥在纵、横、竖三个方向都能有微小变形，且让其绕纵缝有微小的转角。当出现不协调变形时，可消减部分附加应力，减少连接混凝土的不规则开裂及啃边现象，从而提高结构的耐久性。铰接连接又可协调新、旧桥由于行车引起的不同步振动，消减瞬间错台，使新、旧桥平顺过渡，有利于行车安全。但新、旧主梁铰接连接时，需要新、旧主梁的翼缘板用钢筋连接，这样的施工难度较大，拼接后新加宽部分桥梁的基础会随着时间的推移不断发生沉降，直接影响到新、旧桥连接部分桥面结构受力；拼接后新、旧主梁混凝土的收缩徐变性能不同，会造成连接处的受力较大，加之拼接部位没有横梁，仅靠桥面板的连接起作用，即使不考虑地基的沉降、混凝土的收缩徐变等的差异，也会造成运营时由于连接很弱而接缝处出现不良后果。

2.下部结构横向连接构造

目前，国内外对下部结构的加宽改造遵循以下原则：下部结构形式一般采用与原下部结构形式相同的类型，在单侧或两侧加宽。但是，如果原下部安全质量较大，也可考虑不改变下部结构，直接加宽上部结构的方式，或者不加宽墩台，仅加宽（长）盖梁，减少下部工程量；如果下部结构受强度、稳定性及构造要求等需要加宽时，可遵循以下原则：

（1）当拓宽宽度不太大，下部结构可满足要求时，考虑拓宽翼缘或横向拓宽墩顶，而不需新建基础与桥墩。可采用植筋技术在旧桥墩两侧各加一个牛腿，在牛腿上架设新梁，既缩短工期，又节约投资，避免新、旧桥沉降差的不利影响。

（2）当拓宽桥面较宽时，拓宽桥梁需新建桥墩，新、旧桥墩可采用以下两种方式进行处理：

①下部结构不连接。下部结构不连接时，拓宽墩台结构应尽量与旧墩台保持外形协调一致，如选用柱式墩与桩柱式墩配合，或采用完全相同的结构；一字翼墙桥台仍用一字翼墙桥台拓宽等。基础型式选用应考虑其施工对旧墩台的影响，有条件时尽量采用钻孔灌注桩基础；浅埋式新基础埋置深度最好在旧墩台基底标高之上。钻孔灌注桩基础、独柱结构拓宽墩台通常用于拓宽宽度不大、双桩桩距不足的情况，较为经济、方便，其双悬臂盖梁梁端在荷载作用下产生挠度是这种结构的特点。

②下部结构连接。当拓宽桥面较宽时，新、旧桥墩通过盖梁承台连接起来。常用的下构连接方法有植筋连接、设置角钢连接等。采用植筋技术实现下构连接，施工工艺较复杂，技术要求较高，连接后新、旧桥外观比较协调。设置角钢连接施工工艺较简单，适应性强，当盖梁标高不等时，仍可实现新、旧桥下构的连接，但影响结构的美观。

综述以上桥墩（台）加宽，可见其方法及加宽施工工艺。加宽优、缺点如表 6－2 所示：

表 6－2 桥墩加宽方法优、缺点比较

拓宽方式＼优缺点	优 点	缺 点
盖梁与承台均连接	本方案较经济；可以避免连接处产生过大的变形，减小上、下结构某些部位的内力，整体性好；减少盖梁内应力，达到提高并改善盖梁承载力的目的	施工工艺复杂，对旧桥盖梁有一定损坏，而且对于盖梁是预应力的结构，此种方法不适合，可能引起旧桥预应力损失
盖梁与承台均不连接	本方案几乎不影响车辆通行，实施起来简单易行，拆除改造的工程量小，不必改变旧桥盖梁内钢筋布置。结构整体性较好，横向受力明确；新建桥幅的基础变形与沉降对现浇段不会产生结构性破坏，并且对于沉降变形问题可以通过对新建桥幅架梁后加载预压及增大基桩长度等措施予以解决。使用后，若新桥发生沉降，可以相应调整上部梁板，以满足新、旧桥桥面顺接要求	施工相对简单，不损坏盖梁，适应性好。对于盖梁是预应力结构形式，首选此种方法

（3）当拓宽桥面较宽时，除需新建桥墩外，基础也应拓宽，对于不同结构形式的基础，拓宽时采用的方法也不同。

①扩大基础。目前，在改扩建工程中，国内外对扩大基础的加宽方法主要有以下几种：

方法一：加宽部分的基础采用浅基础。

原桥为扩大基础，且地质条件良好，地基强度能够满足承载力要求，考虑对加宽部分基础仍然采用刚性扩大基础。采用这种方法加宽时，建议对下部结构连成一体，并尽量对基底进行技术处理，尽可能减少不均匀的沉陷。

原桥为扩大基础，基底土层较厚，地质条件不是很好时，即使基底承载力满足要求，仍考虑采取一定措施来减少沉降。可以考虑加宽部分基础为浅基础中的柔性基础，可以采用筏板和箱行基础。

方法二：加宽部分的基础采用桩基础。

原桥为扩大基础，当地基浅层土质不良，采用浅基础无法满足桥梁对地基强度、变形和稳定性方面的要求，造成沉降比较大时，可以采用桩基础来降低沉降，满足要求。

②桩基础加宽方法。目前，在改扩建工程中，原桥为桩基础的桥梁，新加宽部分仍采用桩基础。在沈阳到大连的高速公路改扩建中，原桥为桩基础的桥，新加宽部分也采用桩基础。同时，为减少新、旧桥间的沉降差，新桥桩基长度在满足承载力时，应适当加长、加粗，并应尽量控制钻孔桩桩底回淤值为最小，在新、旧盖梁连接浇注前，桩基础应留有一定时期沉降值。

三、桥梁拓宽适用性分析

（一）拓宽方法适用性

桥梁拓宽方法主要有单侧加宽和双侧加宽。选用加宽方法时受许多因素的影响，如原有桥梁的承载力和耐久性评价结果、基础沉降规律、上部结构的变形协调要求、桥梁活载的影响以及施工难易程度等。综合考虑这些因素，依据桥梁的类型、施工条件等决定桥梁拓宽方法。

（二）上部结构横向连接方式适用性

上部结构横向连接主要有新、旧桥梁连接与新、旧桥梁不连接两种方式，其各自适用性总结如下：

新建部分桥梁为单独一幅或一个车道且新、旧桥梁间用分隔带分开的桥梁时，拓宽部分与旧桥部分上、下部均分离。另外，对于大跨径的连续梁桥，由于其收缩徐变差，不均匀沉降差及预应力反拱的影响较大，很难对连接面进行加固处理，通常也采用上、下部分离的方式拓宽。

主梁不连，桥面铺装相连在二级以下公路加宽改造中运用较广泛，由于断面刚度较低，故建议用于小桥的加宽。

（三）上部结构横向连接构造方法适用性

上部结构横向连接构造方法主要有新旧主梁铰接、刚接和半刚性连接，通过国内外调研，各横向连接构造方法总结如下所述：

对于空心板桥，无特殊原因按横向铰接进行拼接；对于具有横隔板的小跨径的钢筋混凝土 T 梁桥，拓宽横向连接一般采用刚接，但应切除原桥外边梁的外悬臂板，而对于中等跨径的预应力混凝土T梁桥，拼接部位的T梁采用刚性连接，但原边T梁与新拓宽T梁之间中心距减小，为了提供拼接部位现浇桥面板混凝土的空间，应适当切除T梁翼板混凝土；对于箱型截面，根据不同的跨径、施工方法和截面尺寸等，将选择不同的拼接方式，但是对于三向预应力混凝土连续梁结构，必须用铰接或者不连接。

（四）下部结构拓宽方法适用性

若拓宽桥基础持力层位于坚硬基岩上，基础沉降值较小，新、旧桥之间不会产生过大沉降差，不利影响不显著，可较好地发挥其优势。这时可采用上、下部均连接。若基础持力层位于软土地基上，拓宽桥基础沉降明显大于旧桥，沉降持续时间较长，使用期间沉降不易稳定，则不宜采用该方案。

四、依托工程桥梁加宽

（一）加宽原则

（1）基本原则为最大限度地利用原有结构。

（2）桥梁两侧加宽采用同结构、同类型、同跨径的方法予以拼接，即上部结构老桥外翼缘板与新桥内侧翼缘板进行刚接或铰接，下部结构形式与老桥相似。

（3）旧桥状况较差的大桥不做横向拼接，采用分离式新建桥。

（4）原桥采用扩大基础的桥梁，其基础或地基必须做特殊处理或改为桩基础。

（二）上部结构拼接构造推荐方案

在桥梁拓宽设计前，针对依托工程给出的五座典型桥梁，对其现状进行全面调查，包括桥梁检测、荷载试验与分析计算，对旧桥的承载能力与可靠度做了全面评价，并对旧桥进行了准确评估。

1.预制空心板

新加宽桥上部结构形式与原结构相同，并与原结构形式对应拼接。新、旧板梁之间采用铰接连接。

该加宽方式是将边板改造为中板利用。另外，也可将边板移位至新加宽桥边直接利用，然后在原边板处安装新中板的方案。但是直接利用和改造利用相比有以下缺点：新、旧板高度有差异，原桥支座垫石高度可能不够，新桥支座垫石高度要加高；移板时还对老路交通有影响。因此，推荐将边板改造为中板利用的方案。

2.预制箱梁

西潼、西宝高速公路的预制箱梁与新箱梁拼接方式为弱刚接连接。

预制箱梁加宽拼接构造技术如下：

（1）先拆除原桥外侧护栏和桥面铺装，再切除原桥外侧边梁部分翼缘，在翼缘处植入钢筋；

（2）然后在旧梁旁安装新梁，但新梁翼缘不浇筑，等把新梁翼缘钢筋和旧梁植筋焊接在一起后，再在新、旧梁上重新设置铺装层钢筋；

（3）最后将连接部和桥面现浇铺装层一起浇筑，完成连接。新、旧梁连接处的翼缘厚度根据计算确定，旧梁外侧还应植筋增加横隔板和新梁横隔板连接。

3.现浇钢筋混凝土连续箱梁

西潼、西宝高速公路全线仅杜峪河桥为现浇钢筋混凝土连续箱梁桥，该桥为单箱双室现浇混凝土连续箱梁桥，该桥2004年加固并通过检测。杜峪河桥曾是病害桥，原结构安全性降低，因此不宜在该桥上连接加宽。加之不可预见的后期病害发展、寿命等因素将会影响拼接桥梁的使用功能和结构安全，因此杜峪河桥采用两侧分离式加宽。新建桥采用和原桥相协调的跨径和结构形式。

第二节　不同连接方式对桥梁通行能力的影响分析

不同加宽衔接方式，导致桥梁横向传递荷载能力的差异，使得单梁内力值出现差异，即不同的加宽连接方式会导致桥梁整体通行能力的差异。本节将以依托工程为例，给出依托工程桥梁不同衔接拼接构造，并通过荷载横向传递规律定性分析与内力变形定量分析，展开不同衔接方式对桥梁通行能力的影响分析。此外，由于新、旧混凝土收缩徐变差异，会在拓宽桥梁接缝处产生附加内力及变形，因此采用数值方法，研究新梁收缩徐变差异对拓宽桥梁的影响。

一、依托工程桥梁拼接构造

（一）空心板拼接构造

1.铰　接

空心板桥铰接拼接构造工艺：旧桥边梁悬臂部分的混凝土凿除一部分，露出钢筋。在新桥边板内预埋钢筋。边板预埋钢筋与旧桥边梁的露出钢筋进行焊接，然后浇注混凝土，连成整体。

2.刚　接

空心板桥刚接拼接构造工艺为在接缝顺桥向每 2 m 设置一道宽 40 cm 的横梁，在横梁范围内，旧桥边板植筋，新桥边板预埋钢筋，新桥架设后焊接钢筋，浇注混凝土形成横梁。

（二）现浇箱梁拼接构造

1.铰　接

现浇箱梁桥铰接拼接构造工艺：先凿除旧桥翼缘板的混凝土并保留钢筋，在浇注混凝土翼缘板端部及梁顶前凿毛混凝土表面，再在指定位置上按要求植筋和涂刷界面胶，并浇注特快硬型微膨胀钢纤维混凝土。

2.刚　接

现浇箱梁桥刚接拼接构造工艺：先凿除旧桥翼缘板 0.25 m 的混凝土并保留钢筋，在浇注混凝土翼缘板端部及梁顶前凿毛混凝土表面，再在指定位置上按要求植筋和涂刷界面胶，并浇注特快硬型微膨胀钢纤维混凝土，且在旧桥边梁位置外侧植筋现浇新的横隔梁，再将它们与箱梁的端横隔梁和跨中横隔梁连接在一起，形成新的牢固的横向联系。

二、不同衔接方式拓宽桥梁通行能力分析

由于桥梁拓宽改造改变了原有桥梁的纵、横刚度，导致原有桥梁结构通行能力发生了变化。

（一）依据荷载横向传递规律分析

荷载横向传递规律分析拓宽桥梁通行能力主要是通过横行分布系数的概念来解决拓宽后桥梁的通行能力，由所得横向分布系数直接反映出单梁承受荷载的大小。在结构抗力一定的前提下，单梁横向分布系数越小趋于平均，结构通行能力就越高。桥梁拓宽后，旧桥主梁的横向分布系数会降低，承受活载的能力会增加，在抗力一定的前提下，桥梁整体就能够承受更大的荷载。

（二）依据内力变形分析

对拼宽前后活载作用下旧桥主梁的挠度、内力变化进行对比分析，研究拓宽桥梁通行能力，同时对不同衔接方式拓宽桥梁后主梁的挠度、内力变化进行对比分析，反映不同衔接方式对通行能力贡献的差异。

第三节　拓宽桥梁收缩徐变差异分析

一、研究的目的及意义

对于拓宽桥梁，旧桥形成时间较长，旧桥结构的收缩徐变变形已基本完成，而新桥的收缩徐变才刚开始，当新、旧混凝土粘结在一起时，由于旧混凝土的收缩徐变变形比新混凝土变形小，这样就会对新混凝土的收缩徐变变形产生约束，从而在连接面中产生附加应力。若附加应力过大，超出连接面的抵抗力，连接面上将出现裂缝，进而导致结构破坏影响到桥梁的安全使用。为了保证拓宽桥梁使用的安全性、耐久性，需掌握收缩和徐变对新、旧结构影响的发展变化趋势和规律，以及收缩徐变差异对不同衔接方式拼宽桥梁的影响。

二、计算理论

（一）徐变计算理论

徐变计算理论，就是如何把常荷载下的徐变试验结果应用到变应力作用下的结构分析中的理论，也就是变应力下结构徐变分析方法。计算理论主要有有效模量法、老化理论徐变率法、弹性徐变理论迭加法、弹性老化理论流变率法、继效流动理论。

中国的规范采用的徐变系数计算公式为：

$$\phi(t,t_0)=\phi_0\cdot\beta_c(t-t_0)$$

式中：t 为计算考虑时刻的混凝土龄期（d）；t_0 为加载时的混凝土龄期（d）；$\phi(t,t_0)$ 为加载龄期为 t_0，计算考虑龄期为 t 时的混凝土徐变系数；ϕ_0 为名义徐变系数；β_c 为加载后徐变随时间发展的系数。

（二）收缩计算理论

混凝土收缩应变一般表达式为收缩应变终值与时间函数的乘积，即

$$\varepsilon_s(t,\tau)=\varepsilon_{s,\infty}f(t-\tau)$$

式中：$\varepsilon_{s,\infty}$ 为收缩应变终值；$f(t-\tau)$ 为收缩应变发展的时间函数。

收缩应变的终值取决于环境的相对湿度、混凝土成分和构件理论厚度等因素，收缩应变时间函数的表达式有 DEB-FIP 系列模式、ACI209 模式、BP 系列模式、GZ（1993）模式和 GL2000 模式。

三、收缩徐变对新、旧结构影响的数值分析

（一）计算方法

采用空间有限元方法建立空间梁格系模型，不计旧梁混凝土收缩徐变效应，采用《公桥规》（JTGD62－2004）收缩徐变模式考虑新梁混凝土收缩徐变，分析计算收缩和徐变分别对新、旧结构产生的影响。

（二）基本假定

（1）不考虑机构内普通配筋的影响。由于结构内普通钢筋配筋率并不高，因此，计算中忽略钢筋影响，按照素混凝土结构进行徐变收缩计算。

（2）在整个收缩徐变计算过程中，假定混凝土弹性模量为常值。

（3）采用徐变线性理论，即徐变应变与应力成正比关系的假定。由此，“力的独立作用原理”和“应力与应变的叠加原理”等均在计算中适用。

第四节　下部结构沉降差异对拓宽桥梁的影响

桥梁拓宽拼接后，旧桥已建成多年，其基础沉降基本完成，而新桥的基础沉降尚未完全发生，新、旧桥形成不均匀沉降差。该沉降差对拓宽后桥梁整体结构性能有很大影响，会使拼接部位产生不可忽视的附加内力，导致接缝处混凝土开裂。对于拼接部位横向刚度较大的拓宽桥梁，沉降差可导致桥梁部分支座脱空，影响支座的正常使用及其寿命，甚至造成支座破坏。因此，基础不均匀沉降将影响桥梁的安全使用，无法达到拓宽桥梁的目的。

在拓宽桥梁的研究及设计中，一方面，应计算新、旧桥梁下构的沉降差；另一方面，选择合适的上构拼接方式，并计算接缝处允许沉降差，要求拼接后下构沉降差不超过接缝的允许沉降差，从而保证拓宽桥梁安全使用。

二、新、旧桥梁基础沉降差容许值

（一）基础沉降分析方法

1.弹性理论法

（1）基本假设。弹性理论法计算地基沉降是基于布辛奈斯克课题的位移解，因此该法假定地基是均质的、各向同性的、线弹性的半无限体；此外，还假定基础整个底面和地基一直保持接触。需要指出的是，布辛奈斯克课题是研究荷载作用地表的情形，因此可以近似用来研究荷载作用面埋置较浅的情况。当荷载作用位置埋置深度较大时，则应采用明德林课题的位移解进行弹性理论法沉降计算。

（2）计算公式。在进行点荷载作用下的基础沉降计算时，ω对应空间内任意一点M（x，y，z）的竖向位移，其计算公式为：

$$s=\frac{Q(1+v)}{2\pi E}\left(\frac{z^2}{R^3}+2(1-v)\frac{1}{R}\right)$$

其中：s 为竖向集中力 Q 作用下地表任意点沉降；R 为集中力 Q 作用点与地表沉降计算点的距离；E 为弹性模量或变形模量；v 为泊松比；z 为沉降计算点深度，当 z 取 0 时，公式变为

$$s=\frac{Q(1-v^2)}{2\pi ER}$$

理论上的点荷载实际上是不存在的，荷载总是作用在一定面积上的局部荷载。只是当沉降计算点离开荷载作用范围的距离与荷载作用面的尺寸相比很大时，可以用一集中力 Q 代替局部荷载，可利用上式进行计算。

2.《建筑桩基技术规范》（JGJ94－2008）（分层综合法）

（1）基本假设。①一般取基地中心点下基地附加应力来计算各分层土的竖向压缩量，认为基础的平均沉降量 s 为各分层土的竖向压缩量Δs_i。式中，n 为沉降计算深度范围内土的分层数。②计算Δs_i时，假设只在竖向发生压缩变形，没有侧向变形，故可利用室内侧限压缩试验成果进行计算。

（2）计算步骤。①地基土分层。成层土的层面（不同土层的压缩性及重度不同）及地下水面（水面上、下土的有效重度不同）是当然的分层界面，此外，分层厚度一般不宜大于 $0.4b$（b 为基底宽度）。②计算分层界面处土的自重应力。土的自重应力应从天然地面起算，地下水位以下一般应取有效重度。

（二）依托工程沉降分析

本工程中加宽部分桥梁桩基的桩端持力层均为卵砾石，桩侧土层间或有黄土、黏土、亚黏土等承载力相对较小的土层，地质情况相对简单，且桩基础属于深基础，需考虑桩侧阻力对基础沉降的影响，故采用明德林位移解情况下的分层总和法和应力面积法两种方法进行计算对比，以得到相对准确的基础沉降量。

三、控制基础沉降的技术方案

（一）桩基础沉降分析

承受轴向荷载的单桩所产生的沉降主要有以下四个部分组成：桩尖地基的塑性变形量、桩尖地基土的弹性压缩变形量、桩身的弹性压缩变形量、桩身的塑性变形量。因而桩沉降通过控制其四个组成部分完成。

现在工程中所采用的桩有钢筋混凝土预应力管桩、预制桩、钻孔灌桩、钢管桩等，桩身塑性变形量可以忽略不计。而在桩土弹性压缩变形量中，桩尖土弹性压缩变形量较小，在桩、土弹性压缩变形量中所占比例很小。因而桩身弹性压缩变形是桩、土弹性压缩变形量中的主要部分。桩身的弹性压缩变形是在桩顶施加外荷载后短时间内完成的，并且在卸载后会迅速恢复。所以，桩基的最终稳定沉降量主要指桩尖地基土的塑性变形量，也就是我们在工程中通常需要计算的桩基最终沉降量。

（二）沉降原因和影响沉降量因素探讨

摩擦桩的承载力主要由两部分组成，即桩周边摩阻力和桩尖支承力。运用土力学理论，我们知道桩基在长期荷载作用下，桩周土体处在应力条件下会逐渐进行排水固结，桩尖附近的土体在较大压力作用下，其孔隙压力的消散较快，土体固结的过程也就更快，桩周围土体固结而压密，从而导致桩的周围土体产生相对位移；桩侧摩阻力的发挥与桩土相对剪切位移量有关，当桩土相对位移量超过一定数值时，导致桩侧摩阻系数降低，因而由桩身传递下来的轴向力必然逐步转移到下部土层和桩尖持力层中，以平衡上部传下的荷载。所以，持力层土质的特性、厚度、承载力等因素将直接影响沉降量的大小。这样选择合理的持力层，确定适当的桩尖进入持力层深度将十分重要。

由于各种原因，致使土骨架蠕动变形，土体的蠕动从而也产生了沉降。桩尖离持力层下软土层距离和软土层的厚度、土质特性是决定桩基沉降量大小的一个重要因素。我们计算沉降量普遍还是按分层总和法进行计算。计算所得的最终的沉降量是取桩尖下土层压缩层厚度内各层土沉降的总和，压缩层内持力层的厚度、软土层的厚度、各层土的孔隙比、压缩模量的大小将直接影响桩基最终沉降量的大小。所以，持力层的厚度、桩尖离持力层下软土层的距离和软土层的厚度也是控制沉降应考虑的一个重要因素。

本工程是对旧桥的加宽改造工程，由于旧桥的基础沉降已经结束，而加宽部分的基础沉降完成尚需一定时间，且沉降量不能忽略，如果加宽部分的沉降量超出上部结构与旧桥连接部分的允许位移量，就会造成连接部分开裂损坏，所以需要对加宽部分的基础沉降进行控制和处理。

（三）处理方法

1.基础处理

（1）增加设计桩长，减小附加应力对沉降的影响，控制沉降量。

（2）增加设计桩径，增加桩端阻力，从而减小沉降量。

（3）加大承台或桩间横向联系的平面尺寸，减小地表附近承载力较小的土层的压缩量。

2.地基处理

（1）排水固结法。利用各种方法使软黏土地基排水固结，从而提高土的强度和减小土的压缩性。

（2）振密、挤密法。采用各种措施，如振动、挤密等，使地基土体增密，以提高土的强度，降低土的压缩性。

（3）置换及拌入法。以沙、碎石等材料置换软土地基中的部分软土，或在松软地基中掺入胶结硬化材料，或向地基中注入化学药液，产生胶结作用，形成加固体，达到提高地基承载力，减小压缩量的目的。

（4）加筋法。通过在地基中埋设强度较大的土工聚合物，以达到加固地基的目的。